KB167336

_____학교 ____학년 ____반 _____의 책이에요.

신나는 **교과 체험학습** 시리즈 이렇게 활용하세요!

'체험학습'이란 책에서나 수업 시간에 배운 지식을 실제 현장에서 직접 경험해 보는 공부 방법이에요. 단순히 전시된 물건을 관람하거나 공연을 보는 것이 아니라 학습을 하기 전에 미리 필요한 정보를 조사하는 것까지를 포함한 모든 활동을 의미해요. 어떻게 공부할 것인지를 준비하면 그렇지 않은 경우보다 훨씬 더 많은 것을 보고 느끼게 되겠지요. 이 책은 체험학습을 하려는 어린이들에게 좋은 길잡이 역할을 할 거예요.

❶ 가기 전에 읽어 보세요

이 책은 체험학습 현장을 어린이들이 쉽게 이해할 수 있도록 풀이한 안내서예요. 어린이들이 직접 체험학습 현장을 찾아가는 데 필요한 정보가 들어 있어요. 체험학습 현장을 가기 전에 꼼꼼히 읽어 보세요.

❷ 현장에서 비교해 보세요

이 책에는 국립중앙박물관 선사·고대관에 전시된 다양한 유물들을 재미있게 관람할 수 있도록 자세한 설명과 배경 지식이 담겨 있어요. 빗살무늬 토기는 어떻게 생겼는지, 삼국 시대 유물에는 무엇이 있는지 생생한 사진과 정보를 만나 보세요.

신나는 교과 체험학습 15

선사 시대부터 발해까지의 역사를 만나요
국립중앙박물관 선사·고대관

초판 1쇄 발행 | 2007. 4. 10.
개정 3판 10쇄 발행 | 2023. 11. 10.

글 박연희 | **그림** 정한샘

발행처 김영사 | **발행인** 고세규
등록번호 제 406-2003-036호 | **등록일자** 1979. 5. 17.
주소 경기도 파주시 문발로 197(우10881)
전화 마케팅부 031-955-3100 | 편집부 031-955-3113~20 | 팩스 031-955-3111

값은 표지에 있습니다.
ISBN 978-89-349-8520-4 64000
ISBN 978-89-349-8306-4 (세트)

좋은 독자가 좋은 책을 만듭니다. 김영사는 독자 여러분의 의견에 항상 귀 기울이고 있습니다.
전자우편 book@gimmyoung.com | 홈페이지 www.gimmyoungjr.com

어린이제품 안전특별법에 의한 표시사항
제품명 도서 제조년월일 2023년 11월 10일 제조사명 김영사 주소 10881 경기도 파주시 문발로 197
전화번호 031-955-3100 제조국명 대한민국 ⚠주의 책 모서리에 찍히거나 책장에 베이지 않게 조심하세요.

선사 시대부터 발해까지의 역사를 만나요

국립중앙박물관 선사·고대관

글 박연희 그림 정한샘

주니어김영사

차례

국립중앙박물관 선사 · 고대관에 가기 전에

미리 준비하세요

1. **준비물** 《국립중앙박물관 선사·고대관》 책,
   수첩, 필기노구, 사진기, 교통비

2. **차림** 가벼운 옷차림으로 활동하기 편하게 입어요.

미리 알아 두세요

관람 시간

월·화·목·금요일	오전 10시~오후 18시
수·토요일	오전 10시~오후 21시
일요일·공휴일	오전 10시~오후 18시

관람료   무료
휴관일   매년 1월 1일
문의   02) 2077 – 9000
주소   서울특별시 용산구 서빙고로 137
홈페이지   http://www.museum.go.kr

가는 방법

지하철로 가요
4호선, 중앙선(문산–용문) 이촌역 2번 출구로 나와 용산가족공원
방향으로 150미터 걸어가면 국립중앙박물관 입구가 나와요.

버스로 가요
400번(서빙고동–서빙고역1번출구–국립중앙박물관)
간선버스(파랑 버스) 502(이수교→서빙고역→용산가족공원→국립중앙박물관)

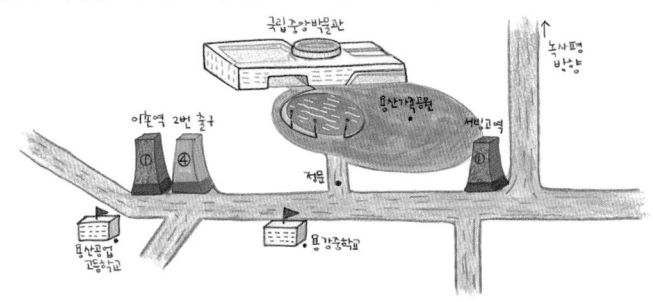

국립중앙박물관

선사·고대관은요

　박물관은 우리의 역사를 간직하고 있는 타임캡슐이에요. 그중에서도 국립중앙박물관은 우리나라를 대표하며, 세계 6위 규모를 자랑하지요. 2005년에 새롭게 문을 연 국립중앙박물관은 총 15만여 점의 소장 유물 중 5천여 점을 46개의 전시실에서 항상 전시해요.

　그중 선사·고대관은 10개의 전시실에서 선사 시대부터 발해까지의 역사와 문화를 보여 주는 곳이에요. 이곳은 약 70만 년 전 한반도에 인류가 살기 시작하면서부터 남긴 거칠게 다듬어 만든 뗀석기, 최초로 만든 토기를 비롯해 선사 시대의 유물을 다양하게 전시해요. 또한 철기 문화를 바탕으로 성장한 고대 국가들이 남긴 농기구, 무기, 기와, 각종 공예품 등 역사 시대의 유물을 만나 볼 수 있지요.

　그럼, 우리 선조들의 역사와 문화를 살펴보러 출발할까요?

멋지고 웅장하다.

고고관으로 출발!

한눈에 보는 국립중앙박물관 선사·고대관

선사·고대관은 구석기, 신석기, 청동기·고조선, 부여·삼한, 고구려, 백제, 가야, 신라, 통일신라 그리고 발해까지 총 10개의 전시실로 이루어져 있어요.

전시실은 이해하기 쉽도록 다양한 주제로 구분해서 유물을 전시해요.

각 시대를 대표하는 다양한 유물 속에는 우리 조상들이 살아온 모습과 문화의 발전이 생생하게 담겨 있답니다.

선사·고대관을 한눈에 볼 수 있도록 그려 놓은 아래의 그림을 살펴보세요.

① 구석기실
구석기 시대의 유물을 전시해요. 주먹 도끼, 슴베찌르개 등을 통해 구석기인들이 어떤 돌 도구를 사용하였는지 알 수 있어요.

출발!

③ 청동기·고조선실
집터와 무덤 유적에서 출토된 유물을 전시해요. 청동기와 철기로 어떤 도구를 어떻게 만들어 사용하였는지를 쉽게 이해할 수 있어요.

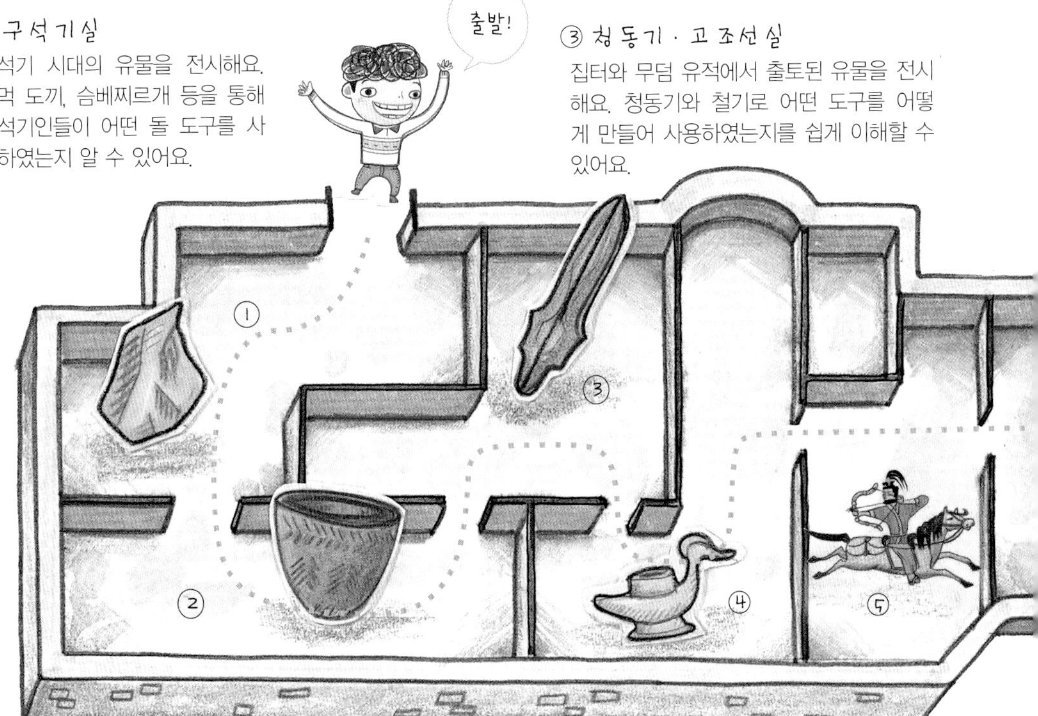

② 신석기실
신석기인들이 사용했던 토기와 간석기 등의 유물을 전시해요. 구석기 시대보다 발전된 기술을 볼 수 있어요.

④ 부여·삼한실
삼한에 속한 여러 작은 나라들이 성장하고 주변 나라들과 교류하면서 남긴 다양한 유물을 살펴볼 수 있어요.

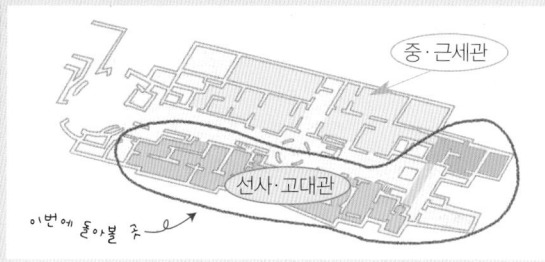

1층

중·근세관

선사·고대관

이번에 돌아볼 곳

2층

서화관

기증관

3층

조각·공예관

아시아관

국립중앙박물관 선사·고대관 관람 코스

1층의 바로 오른쪽에 있는 입구로 들어가서 관람을 시작해요.

구석기실 → 신석기실 → 청동기·고조선실 →
부여·삼한실 → 고구려실 → 백제실 → 가야실 → 신라실
→ 통일신라실 → 발해실의 순서로 관람하면 돼요.

※전시실에서는 사진기 플래시를 사용하지 말아요.

관람 끝!

⑥ 백 제 실

무령왕릉에서 출토된 다양한 유물과 금속 공예품, 철기, 토기, 기와 등 백제의 문화가 담긴 유물을 주제별로 전시해요.

⑧ 신 라 실

화려한 금 장신구와 비단길을 통해 들어온 갖가지 유리 제품, 말 탄 사람 토기, 토우 등의 다양한 토기와 말갖춤, 무기 등을 전시해요.

⑨ 통 일 신 라 실

돌방무덤에서 주로 출토된 토용과 십이지상, 도장 무늬 토기, 뼈 단지 등을 주제별로 전시하며, 다양한 금속 공예품도 만나 볼 수 있어요.

⑩ 발 해 실

여러 유적에서 출토된 기와, 주춧돌, 용머리 등의 건축 관련 유물과 높은 문화 수준을 보여 주는 불상, 토기 등을 전시해요. 또한 당나라, 일본과 활발하게 교류했던 모습도 살펴볼 수 있어요.

⑦ 가 야 실

가야는 철이 풍부한 나라인만큼 무기, 갑옷, 투구 등 철과 관련된 다채로운 유물을 살펴볼 수 있어요. 지역에 따라 다른 멋을 지닌 가야 토기도 전시해요.

⑤ 고 구 려 실

무덤 벽화를 똑같이 그린 그림을 비롯하여 여러 종류의 토기, 기와, 벽돌 그리고 고구려의 대외 교류를 보여 주는 유물 등을 전시해요.

선사 시대

구석기 시대부터 청동기 시대까지를 선사 시대라고 해요. 문자로 기록한 자료가 남아 있지 않은 시대를 말하지요.

선사 시대는 사용한 도구에 따라 네 개의 시대로 나눌 수 있어요. 돌을 깨서 만든 뗀석기를 사용한 구석기 시대, 돌을 좀 더 정교하게 갈아 만든 간석기를 사용한 신석기 시대, 청동기를 사용한 청동기 시대 그리고 청동기와 철을 함께 사용한 초기 철기 시대로 나누지요.

이렇게 도구가 발달함에 따라 사람들의 생활은 어떻게 변해 왔는지 선사·고대관의 구석기실, 신석기실, 청동기·초기 철기실에 있는 유물을 통해 알아보아요.

인류가 처음 등장한 게 약 500만 년 전이라니, 정말 오래되었구나!

약 500만 년 전
지구 상에 인류가 등장했어요.

약 70만 년 전
한반도에 구석기인이 살기 시작했어요.

약 1만 년 전
신석기 시대가 시작됐어요.

기원전 1000년 무렵
청동기 시대가 시작됐어요.

기원전 300년 무렵
철기 시대가 시작됐어요.

사람들은 먼 옛날부터 도구를 만들어 사용했구나.

최초로 도구를 사용하다

한반도에서 구석기 시대는 70만 년 전에서 1만 년 전 사이의 시기를 말해요. 이때에는 불을 이용하고, 돌을 깨뜨려 만든 뗀석기와 나무나 뼈로 만든 도구를 사용했어요.

그럼, 구석기인들의 삶 속으로 들어가 볼까요?

채집
무엇인가를 찾아서 얻거나 캐거나 잡아서 모으는 일을 말해요.

구석기인들은 이렇게 살았어요

구석기 시대 사람들은 사냥과 채집을 하며 생활했어요. 먹을거리를 직접 찾아다녀야 했기 때문에 한곳에 머무르기보다는 이곳저곳을 옮겨 다니며 살았지요.

구석기 시대의 집터는 주로 동굴이나 강가에서 찾아볼 수 있어요. 동굴은 대개 경사진 산기슭에 있어서 추위를 막거나 맹수들의 공격을 피할 수 있었고, 강가는 물고기, 조개 등이 풍부해 쉽게 먹을거리를 구할 수 있었거든요.

구석기 시대 집터로 추정되는 곳이에요.
강원 동해 노봉 유적에서 발견되었어요.

구석기 시대 사람들이 살았던 집터 유적을 보면 불을 피운 흔적이 남아 있어요. '막집'이라고 부르는 이 집터에는 불을 피우고 기둥을 세운 흔적도 있어요. 사람들은 불을 사용하면서부터 음식을 익혀 먹고, 추위를 피할 수 있게 되었어요. 충북 제천 창내 유적, 전남 화순 대전 유적, 강원 동해 노봉 유적 등 여러 곳에서 집터로 추정되는 흔적이 발견되었어요.

구석기인들은 주로 동굴이나 강가에서 생활했어요.

깨진 돌을 이용했어요

구석기 시대 사람들은 점점 진화하며, 도구를 사용하기 시작했어요. 구석기 시대는 인류의 진화 과정과 도구가 발달한 정도에 따라 전기·중기·후기로 나눌 수 있어요. 전기는 호모 에렉투스(곧선사람)의 시대예요. 이들은 큰 돌에서 떼어 낸 돌이나 깨어진 돌의 날카로운 부분을 이용하면 자연 그대로의 돌보다 사용하기에 훨씬 편하다는 것을 깨달았어요. 그래서 돌을 다듬어서 찍개나 찌르개와 같은 뗀석기를 만들었지요.

이때 만든 것이 바로 우락부락한 주먹 도끼예요. 주먹 도끼는 큰 동물을 잡거나 땅을 파는 용도로 사용했어요. 그런데 이때까지는 정교하게 도구를 만드는 기술이 발달하지 않아서 돌의 가장자리만 날카롭게 만들었어요. 하지만 시간이 지나면서 석기의 크기는 점점 작아지고, 종류는 점점 다양해졌답니다.

음, 뗀석기에서는 돌을 떼어 낸 흔적이 보이는걸!

구석기 전기, 길이(맨 오른쪽) 9.5센티미터

뗀석기

뗀석기를 만들어요

돌을 깨뜨려 예리하게 날을 세운 뗀석기는 구석기인들이 사용한 도구예요. 처음에는 직접떼기 방법으로 석기를 만들었어요. 그러다가 간접떼기와 눌러떼기 방법을 이용해 더욱 정교한 석기를 만들었어요.

망치

직접떼기

망치로 직접 내리쳐서 돌을 떼어 내는 방법이에요.

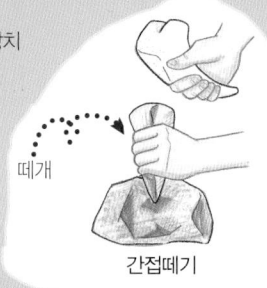

떼개

간접떼기

떼개를 사용해 몸돌에서 돌 조각을 떼어 내는 방법이에요.

눌러떼기

뾰족한 도구를 돌날에 대고 눌러 떼어 내는 방법이에요.

떼개는 돌 조각을 떼어 내는 데 사용한 도구야. 주로 돌망치, 뿔, 뼈 등으로 만들지.

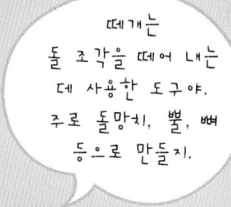

구석기 전기,
경기도 연천군 전곡리,
길이 15센티미터

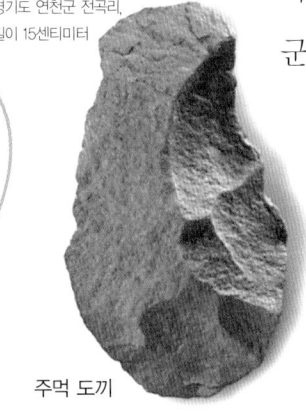

구석기 중기에는 날을 다듬는 잔손질 기술이 발달해서 긁개, 홈날, 톱니날 석기, 소형 찌르개 등이 새롭게 등장했대.

주먹 도끼

구석기실에 전시된 주먹 도끼는 경기도 연천군 전곡리에서 출토된 것으로 아프리카, 유럽, 서남아시아 및 인도와 한반도를 중심으로 하는 동아시아 일대에서 널리 발견되었어요. 이 도끼를 통해 동아시아에서도 주먹 도끼를 만들어 사용했다는 것을 알 수 있어요.

호모 사피엔스(슬기사람)가 살았던 구석기 중기에는 돌 도구의 크기가 작아지고 쓰임새에 따라 종류가 매우 다양해졌어요.

주먹 도끼의 발견

1978년 4월, 동두천에 주둔하던 미 공군 병사인 그렉 보웬은 연천군 전곡리 한탄강으로 놀러 갔어요. 그런데 그곳에서 심상치 않은 돌 조각을 발견했지요. 미국에서 고고학을 전공한 보웬은 그것이 구석기 시대 유물인 주먹 도끼임을 알아챘어요. 이를 계기로 전곡리 유적을 발굴하기 시작하였어요. 이 발굴로 한반도의 선사 문화 역사는 몇 십만 년 전으로 거슬러 올라갔으며, 전곡리 유적은 세계적인 구석기 유적으로 알려졌지요.

여러분도 길가에 있는 돌멩이 하나라도 무심코 지나치지 말고 주의 깊게 살펴보세요. 또 다른 새로운 역사를 펼칠 수도 있을 테니까요.

유물을 손상시키지 않도록 조심스럽게 발굴을 하는 현장이구나.

경기도 연천군 전곡리 유적의 최근 발굴 현장이에요.

주먹 도끼를 만들어요

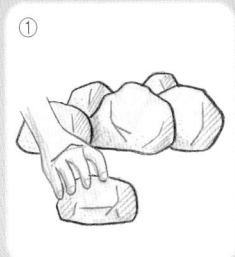

① 단단하고 좋은 돌을 찾아요.

② 돌의 양면을 다른 돌로 내리쳐서 날을 만들어요.

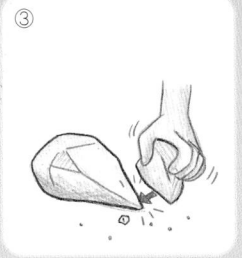

③ 가장자리만 날카롭게 다듬어요.

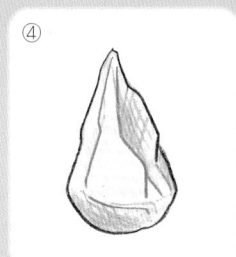

④ 주먹 도끼가 완성되었어요.

돌날떼기를 사용했어요

구석기 후기는 호모 사피엔스 사피엔스(슬기슬기사람)의 시대로, 돌날떼기를 통해 더 정교한 돌 도구를 만들 수 있었어요. 돌날떼기는 돌에서 작은 돌날을 떼어 내는 방법으로, 떼어 낸 돌날은 긴 나무나 뿔에 연결해 창이나 칼을 만들어 사용했지요.

이렇게 한반도의 구석기 시대 후기 유적에서 슴베찌르개와 작은 돌날 석기가 발견되는 것으로 미루어 보아 구석기 시대 후기에 들어 사람들이 사냥을 더욱 많이 했음을 알 수 있어요.

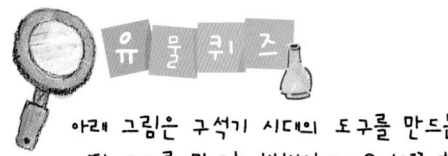

아래 그림은 구석기 시대의 도구를 만드는 방법이에요. 어떤 도구를 만드는 방법일까요? (9쪽 참고)

(   )

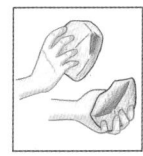 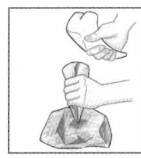 

☞정답은 56쪽에

슴베찌르개 구석기 후기
돌날을 이용해 만든 슴베찌르개예요. 양옆을 오목하게 하거나 비스듬히 잔손질하여 좁고 길쭉하게 만들었어요. 또 끝 부분은 돌날이 떨어지면서 생긴 예리한 날을 그대로 이용해 자루에 끼워 창처럼 찌르는 도구로 사용하였어요.

슴베는 원래 칼, 괭이, 호미 등의 자루에 끼워 쓰는 것이래.

작은 돌날을 만들어요

① 돌의 양면을 다른 돌로 때려 쳐요.

② 주먹 도끼처럼 만들어요.

③ 울퉁불퉁한 윗부분을 길게 떼어 내 납작하게 만든 뒤, 눌러떼기 방법을 이용해 작은 돌날을 떼어 내요.

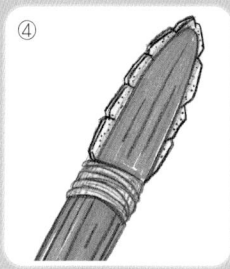

④ 나무나 뼈에 홈을 판 뒤 떼어 낸 작은 돌날을 끼워 창을 만들어요.

신석기실
정착해서 살기 시작하다

빙하기가 끝나고 지구가 따뜻해지면서 북쪽의 빙하가 녹아내려 강물이 불어나고 물고기가 많아졌어요. 이렇게 먹을거리가 풍부해지면서 사람들이 한곳에 머물러 살기 시작했지요. 이때를 신석기 시대라고 해요.

신석기실에서는 집터와 무덤, 조개더미 등에서 출토된 가종 유물을 여러 주제로 나누어 전시해요.

신석기인들은 어떻게 생활했는지 함께 살펴볼까요?

씨를 뿌리고 곡식을 키운 신석기인

신석기 시대 사람들은 강가에 모여 살았어요. 강가는 물도 있고, 먹을 것도 구하기 쉬웠기 때문이에요. 강가에 있는 신석기 유적에서 동물의 뼈나 돌로 만든 작살, 낚시, 그물추 등의 고기잡이 도구들이 발견되는 것이 그 증거예요. 또한 신석기 시대에는 일정한 장소에 씨를 뿌리고, 곡식을 키워서 식량으로 이용했지요. 따라서 농사에 필요한 농기구도 발달하여 돌괭이, 돌삽, 돌낫 등을 만들었어요.

신석기, 길이(오른쪽 위) 9.6센티미터
고기잡이 도구
❶ 화살촉 ❷ 작살촉
❸ 낚시 바늘 ❹ 그물추

신석기, 길이(왼쪽 위) 13.6센티미터
농사 도구
❶ 괭이 ❷ 도끼

그물추
그물이 물속에 쉽게 가라앉을 수 있도록 그물 끝에 매다는 돌이나 쇠붙이예요.

돌괭이
돌로 만든 괭이예요. 괭이는 땅을 파거나 흙을 고르는 농기구랍니다.

움집을 만들어요

① 먼저 움집을 세울 곳에 커다란 나무로 땅바닥을 두들겨 판판하게 구덩이를 파요.

② 기둥을 세워요.

③ 아랫부분부터 갈대나 이엉을 엮어 나무 기둥을 빈틈없이 에워싸요.

④ 맨 꼭대기까지 지붕을 올리고 문을 만들면 돼요.

신석기인들의 집, 움집

농사를 짓기 위해 한곳에 정착해 살면서 움집이라는 새로운 형태의 집을 지었어요. 움집은 구덩이를 파고 기둥을 세운 다음 그 위에 갈대나 이엉 등으로 엮은 지붕을 얹어서 만들었어요. 바닥은 진흙을 깔아 다졌고, 가운데에는 화덕을 두어 음식을 조리하거나 실내를 따뜻하고 밝게 하는 데 이용하였지요.

움집터는 대부분 한 유적에 몇 개씩 모여 있는데, 서로 겹쳐 있기도 해요. 이것을 통해 한 마을에서 여러 시기에 걸쳐 새로운 집을 지으며 살았다는 것을 알 수 있어요.

서울 암사동에 있는 움집터예요.

🌸 **이엉**
초가집의 지붕이나 담을 만들기 위해 짚 등으로 엮은 물건을 말해요.

돌을 부드럽게 갈아서 만든 간석기

신석기 시대에는 돌이나 뼈를 원하는 모양으로 잘라 내 돌에 갈아서 도구를 만드는 기술이 발달했어요.

작살·낚시·그물추 등의 고기잡이 도구, 화살촉·창끝 등의 사냥 도구, 돌괭이·돌낫·돌삽 등의 농사 도구와 갈돌·갈판·송곳 등의 일상생활용 도구는 신석기인들의 생활을 풍요롭게 해 주었답니다.

신석기, 길이(오른쪽) 13센티미터
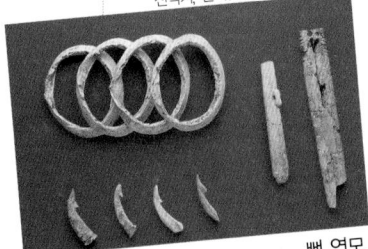
뼈 연모

신석기, 강원 양양 지경리, 길이(갈판) 47센티미터
갈돌과 갈판
열매의 껍질을 벗기거나 가는 데 사용했어요.

재활용의 대가들

신석기인들은 돌과 뼈를 원하는 형태로 잘라 내고 갈아서 날카로운 도구를 만들었어요. 또한 그들은 사냥한 동물을 이용했는데, 사슴뿔로는 괭이를 만들고, 멧돼지의 어금니로는 낫을 만들어서 사용했어요. 이 정도면 신석기인들을 진정한 재활용의 대가들이라고 할 수 있겠지요?

어느 한 부분도 허투루 버리지 않고 사용했구나.

유물 퀴즈

다음 설명에 알맞은 유물을 골라 ○ 하세요.
(11쪽 참고)

❶ 돌날을 이용해 만든 구석기 시대의 유물이에요.
❷ 양옆을 오목하게 하거나 비스듬히 잔손질해 좁고 길쭉하게 만들어 자루에 끼웠어요.

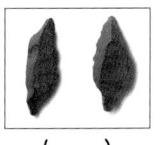
( )

( )

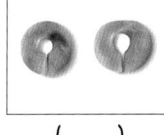
( )

☞ 정답은 56쪽에

13

인류 최초의 발명품, 토기

농사를 짓기 시작하자 곡식을 저장하고 운반하거나 음식을 조리하기 위한 도구가 필요했어요. 그래서 신석기인들은 흙과 불을 이용해 토기를 만들었지요.

신석기 시대의 대표적인 토기는 덧무늬 토기와 빗살무늬 토기예요. 먼저 나타난 토기는 바로 덧무늬 토기예요. 토기 바깥 면에 진흙 띠를 덧붙이거나 바깥 면을 손끝으로 맞잡아 눌러서 도드라지도록 여러 가지 넛부늬를 장식했어요. 우리나라에서는 주로 동해안과 남해안 여러 유적에서 출토되었어요. 최근에는 제주도 고산리 유적에서 약 1만 년 전의 토기 조각이 발견되어 우리나라의 토기 제작 연대가 더 앞당겨졌답니다.

빗살무늬 토기는 신석기 시대를 대표하는 토기예요. 지역마다 차이는 있지만 대체로 바닥이 뾰족해서 바닥에 세워 둘 수 없었어요. 그래서 땅바닥을 조금 파거나 토기 주위에 돌 같은 것을 받쳐서 사용했을 것이라 추측하지요. 덧무늬 토기에 비해 빗살무늬 토기는 한반도 전역에서 출토되고 있어 우리나라 신석기 문화를 '빗살무늬 토기 문화'라고 부르기도 해요.

신석기, 부산 동삼동, 높이 45센티미터
입 지름 40.8센티미터
덧무늬 토기

신석기, 서울 암사동, 높이 38.1센티미터,
입 지름 26.6센티미터
빗살무늬 토기

토기의 발명은 '신석기 혁명'이라 불릴 정도로 인류의 삶에 큰 변화를 가져다준 사건이란다.

신석기 시대에는 토기를 만들어 곡식을 저장하고 음식을 조리하는 데 사용했어요.

신석기인들의 꾸미개

신석기인들은 생활이 안정되고 여유가 생기자 자신을 꾸미는 데 관심을 가졌어요. 주로 동물의 뼈나 뿔, 옥, 조가비 등을 사용해 꾸미개를 만들었지요. 또 돌과 흙으로 사람이나 동물 모양의 조각품을 만들기도 했어요.

그런데 꾸미개와 조각품에는 아름다움뿐만 아니라 신석기인들의 정신세계가 잘 표현되어 있어요. 신석기인들은 사람과 모든 자연물에 영혼이 깃들어 있으며, 그 영혼이 영원할 것이라고 믿었어요. 그래서 사람이 죽으면, 살았을 때 아끼던 물건을 함께 묻어 주었지요.

신석기, 길이(왼쪽) 10.8센티미터
꾸미개

신석기, 부산 동삼동, 길이 10.7센티미터
조개 가면

주변 지역과의 교류

신석기인들은 주변 지역과 교류를 통해 부족한 자원을 얻었어요. 이러한 교류는 주로 물물교환의 방법으로 이루어졌지요. 가까운 지역에서 시작해 점차 일본, 중국 동부 지역, 연해주 등 주변 지역으로 확대되었어요. 특히 한반도 동남 해안 지역과 일본은 신석기 시대 내내 활발하게 교류했는데, 이음 낚시, 조개 팔찌 등이 두 지역에서 모두 발견됨으로써 이 사실을 뒷받침해 주지요.

◉ **이음 낚시**
낚시의 허리 부분과 바늘을 따로 만들어 서로 이어서 쓰던 낚시를 말해요.

여기서 잠깐!

써 보세요.

신석기 시대로 넘어오면서 생긴 변화 중 가장 중요한 것 두 가지만 써 보세요.

1. _____
2. _____

☞ 정답은 56쪽에

신석기인들도 옷을 입었을까?

신석기인들은 동물의 가죽으로 만든 옷 말고도 실로 짠 옷감으로 옷을 만들어 입었어요. 충북 청주에서 출토된 가락바퀴는 이러한 사실을 잘 보여 주지요. 가락바퀴는 가운데 구멍에 나무 봉을 끼운 뒤 돌려서 실을 꼰던 도구예요. 또한 평안남도 온천군 궁산리에서 출토된 실이 꿰어 있는 바늘과 많은 유적지에서 발견되는 칼, 송곳 등도 신석기인들이 옷을 만들어 입었다는 사실을 뒷받침해 줘요.

가락바퀴

신석기, 충북 청주, 지름 5.4센티미터, 두께 2.6센티미터

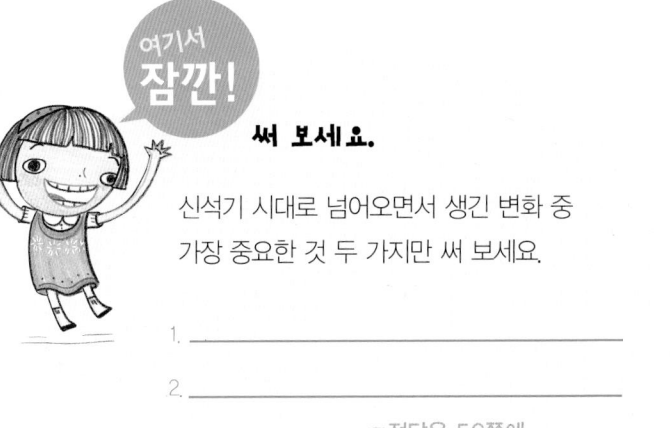

부족과 계급이 생겨나다

청동기 시대에는 농업이 발달함에 따라 낮은 언덕이나 평지에 마을을 이루어 살았어요. 기원전 3세기 무렵에는 철기가 들어오면서 계급이 더욱 나뉘어 정치 집단이 생겨났지요. 청농기와 철기의 등장으로 사회가 어떻게 변화했는지 함께 알아볼까요?

농사를 통해 시작된 공동체 생활과 종교 의식

청동기 시대에는 본격적으로 농사를 지어 곡식을 거두어들였어요. 그리고 하천이 있는 낮은 언덕이나 평지에 마을을 이루어 살기 시작했지요. 그런데 마을의 규모가 커지면서, 더 많은 곡식과 더 넓은 농경지를 차지하기 위해 종종 서로 싸움을 벌였어요. 그래서 마을을 보호하기 위해 주변에 도랑이나 나무 울타리를 설치하기도 하였지요.

한편, 청동기 시대에는 풍년을 기원하는 의식을 중요하게 여겼는데, 농경문 청동기가 바로 그 증거예요. 이 청동기에는 농사짓는 그림이 새겨져 있어요. 뒷면의 오른쪽에는 **따비**로 밭을 가는 남자와 괭이를 치켜든 남자가 보여요. 왼쪽에는 항아리에 무언가를 담고 있는 여자가 새겨져 있지요. 앞면에는 **솟대**에 앉은 새가 한 마리 보여요. 청동기 시대 사람들은 새가 풍년을 바라는 마음을 하늘에 전해 주는 존재라고 생각했어요.

청동기, 대전 출토로 전함, 너비 12.8센티미터, 높이 7.3센티미터, 두께 0.15센티미터
농경문 청동기(뒷면)

농경문 청동기(앞면)

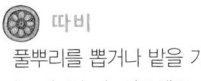

따비
풀뿌리를 뽑거나 밭을 가는 데 쓰는 농기구예요.

솟대
농가에서 풍년을 바라는 뜻으로 마을 앞 성스러운 장소에 세워 두는 장대를 말해요.

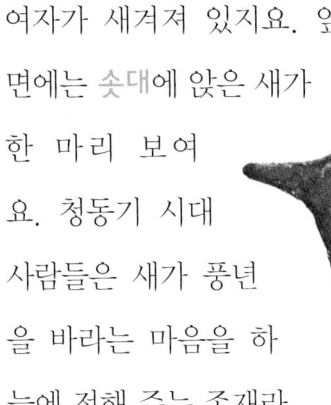

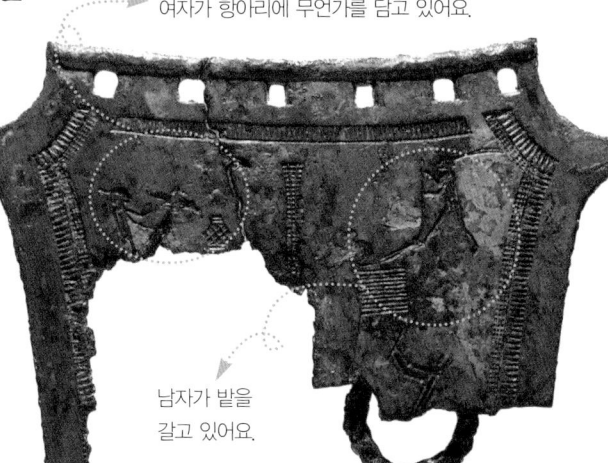

여자가 항아리에 무언가를 담고 있어요.

남자가 밭을 갈고 있어요.

왼쪽의 농경문(뒷면)을 확대한 사진이에요.

문화와 문화가 어우러진 청동 검

이제, 청동기 시대를 대표하는 요령식 동검을 한번 보세요. '요령'은 청동기 문화가 발달한 중국의 지역 이름이에요. 요령식 동검은 중국 악기인 비파를 닮아 비파형 동검이라고도 해요. 이름은 이렇게 붙였지만 이 동검은 자루를 따로 만들어 몸에 끼울 수 있게 만든 것으로, 중국식이나 북방계 동검과는 다르답니다.

중국에서 발달한 문화이지만, 우리의 고유한 문화와 어우러져 한국식 동검 문화가 탄생한 것이지요. 특색 있고, 정교한 무늬는 우리나라의 청동기가 최고의 수준이었음을 보여 주어요. 이런 우리의 청동기 문화는 일본에도 전해졌답니다.

충남 부여 송국리의 집터에서는 거푸집이 발견되어 일상생활에서도 청동기를 만들어 사용했음을 알 수 있어요.

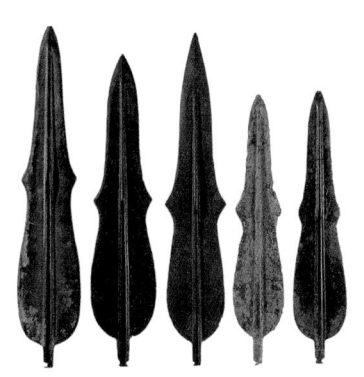

청동기, 길이(왼쪽) 42센티미터
요령식 동검

다음 설명의 ○○○○ 안에 들어갈 알맞은 말은 무엇일까요? (14쪽 참고)

( )

○○○○ 토기는 신석기 시대를 대표하는 토기예요. 지역마다 다르긴 하지만 대체로 바닥이 뾰족해서 땅바닥을 조금 파거나 주위에 돌을 받쳐 사용했을 것이라 추측하지요.

☞정답은 56쪽에

● **거푸집**
만들려는 물건의 모양대로 속이 비어 있어 거기에 쇠붙이를 녹여 붓도록 되어 있는 틀을 말해요.

청동 검을 만들어요

① 동검을 만들기 위해 쇠를 녹여 쇳물을 만들어요.

② 녹인 쇳물을 거푸집에 부어요.

③ 숫돌로 날을 세워요.

④ 마무리 손질을 해요.

신분의 차이를 나타내는 청동기

고인돌, 돌널무덤, 독무덤 등의 청동기 시대 무덤 중에는 청동 검, 청동 거울, 가지 방울, 옥으로 만든 꾸미개 등 특별한 꺼묻거리가 함께 묻혀 있는 무덤이 있어요. 청동기 시대에 청동으로 만든 도구들은 실용품이라기보다는 신분이나 권위의 상징물이나 제사용으로만 쓰여 지배층만 가질 수 있었어요. 무덤에서 발견된 이러한 꺼묻거리를 통해 사람들을 이끄는 지배자가 있었음을 알 수 있고, 특히 청동 거울과 가지 방울은 제사 의식을 이끌던 종교 지도자가 있었다는 사실을 보여 주어요.

가지 방울은 제사에 사용한 의식용 도구로, 가운데의 햇빛 무늬를 중심으로 바깥쪽에 8개의 작은 방울이 달려 있어요. 방울 속에는 청동 구슬이 들어 있어 흔들면 소리가 나지요.

청동기, 강원도 양양 정암리,
지름 14.3센티미터
청동 거울

청동 거울의 몸체는 태양을 뜻해. 거기에 가는 선을 촘촘히 새겨 넣어 빛이 사방으로 퍼져나가는 것처럼 보이게 했어.

청동기, 전남 화순 대곡리, 지름 14.5센티미터
가지 방울
제사 의식 때 제사장이 두 손에 들고 흔들었을 것으로 추측해요. 청동기 인들은 방울에서 나는 소리를 통해 신과 통할 수 있다고 생각했어요.

다양하게 쓰인 토기

청동기 시대의 대표적인 토기는 민무늬 토기예요. 겉면에 아무 무늬가 없어서 붙은 이름이지요. 민무늬 토기는 시기와 지역에 따라서 독특한 특징을 가지고 발달하였어요. 또 음식 조리용, 식사용, 저장용, 꺼묻거리용, 독무덤용 등 다양하게 쓰였어요. 이런 쓰임새에 따라 바리, 대접, 접시, 항아리, 독, 굽다리 접시 등 다양한 보양으로도 남아 있어요.

청동기, 높이(오른쪽 위) 43.5센티미터

민무늬 토기
민무늬 토기는 주로 바닥이 납작하고 적갈색을 띠어요. 그 외에 간단한 선 부늬나 구멍무늬를 내거나 겉면을 잘 문질러 붉은색이나 검은색을 낸 것도 있어요.

철기 문화를 받아들인 고조선

우리나라 최초의 국가인 고조선은 청동기 문화를 바탕으로 세워졌어요. 기원전 3세기 무렵에는 철기 문화를 받아들이면서 더욱 강력한 국가가 되었고, 동시에 우리나라는 초기 철기 시대로 들어섰어요.

청동기 시대의 도구인 청동기를 만드는 구리는 구하기가 쉽지 않은 재료였어요. 그래서 일반 사람들은 청동을 대신할 만한 것을 찾기 시작했지요. 그 과정에서 찾아낸 것이 바로 철이에요. 철은 구하기도 쉽고, 단단하고 예리하여 쓰임새가 많았어요. 사람들은 철을 두드리거나 틀에 쇳물을 부어 여러 가지 모양으로 만들기 시작했어요. 기원전 1세기 무렵에는 중국 한나라의 영향으로 철기가 본격적으로 들어와 대부분의 도구를 철로 만들기 시작했고, 철기 생산력은 날이 갈수록 높아졌어요.

청동기 시대 말기와 초기 철기 시대를 비슷한 시대로 보고 있어. 초기 철기 시대라고 해서 청동기가 완전히 사라진 것은 아니었거든.

발굴된 철기 유물은 모두 녹이 슬어서 붉은 빛을 띠고 있어. 하지만 이 유물을 사용하던 옛날에는 번쩍번쩍 빛이 났겠지?

평안북도 위원군 용연동에서 출토된 초기 철기 유물이에요.
①은 도끼날, ②는 괭이날, ③은 반달칼, ④는 낫의 날, ⑤는 창, ⑥은 화살촉

여기서
잠깐!

무엇일까요?

청동기 시대 유물인 청동 검이나 청동 거울, 가지 방울과 같은 유물들은 청동기 시대 사회의 특징을 알려 주어요. 이러한 유물들을 통해 알 수 있는 청동기 시대 사회의 특징은 무엇인지 써 보세요.

☞정답은 56쪽에

인류는 어떻게 진화했을까?

지구 상에 인간이 처음으로 출현한 때가 언제일까요? 지금으로부터 약 500만 년 전, 아프리카에 최초의 인간이 출현했어요. 그럼 그때의 인간은 어떤 모습이었을까요? 현재 우리들의 생김새와 비슷했을까요?

최초의 인간들은 침팬지나 고릴라와 같이 유인원에 가까운 모습이었어요. 그런데 언제부터인지 손으로 땅을 짚으며 걷던 인간들이 두 발로 서서 걷기 시작해 두 손이 자유로워졌어요.

인간은 자유로워진 손으로 여러 가지 필요한 '도구'를 만들어 사용하기 시작했어요. 처음에는 주변에서 쉽게 구할 수 있는 나무나 돌, 짐승의 뼈 등을 사용했지요. 그러다 손으로 이것저것 만져 보고 만들어 보면서 점점 더 복잡하고 정교한 도구를 사용하였어요. 사냥을 하며 여기저기 옮겨 다니던 인간은 함께 모여 농사를 지으며 정착해서 살기 시작했어요. 도구를 이용해 농사지은 곡식을 수확하고, 불을 사용하게 되면서 인간은 점차 오늘날과 같이 진화했지요.

자, 그럼 인간이 어떻게 진화해 왔는지 알아볼까요?

호모 에렉투스
똑바로 서서 걸을 수 있었고,
더 발달된 주먹 도끼를 사용했어요.

조금 더 정교한
주먹 도끼를
만들어 썼어.

오스트랄로피테쿠스
키가 작고 뇌도 작아 유인원에 가까워요.
간단한 도구를 쓸 줄 알았어요.

아주 간단한
도구는
만들어 썼어.

260만 년 전으로 거슬러 올라가 보아요. '남방의 원숭이'라는 뜻의 오스트랄로 피테쿠스는 두 발로 걷는 인류의 가장 오래된 조상이에요. 뇌와 키가 작고 허리도 구부정해서 생김새가 유인원에 가까웠지요. 하지만 찍개와 같은 간단한 도구를 사용할 줄 알았어요.

170만 년 전, '똑바로 선 인간'이란 뜻의 호모 에렉투스가 살았어요. 똑바로 서서 걸을 수 있었으며, 조금 더 발달된 주먹 도끼를 사용할 줄 알았어요.

호모 사피엔스는 '지혜로운 인간'이라는 뜻을 가지고 있어요. 주로 네안데르탈인이라고 불리는 이들은 약 35만 년 전 유럽에 나타났다고 해요. 겉모습은 호모 에렉투스와 비슷하지만 뇌는 오늘날의 인류와 거의 같아요. 이전의 인간이 사용하던 도구보다 발달된 슴베찌르개를 만들어 사용했어요.

현재 인류와 가장 가까운 호모 사피엔스 사피엔스는 약 4만 년 전 마지막 빙하기가 끝나기 시작한 무렵부터 살기 시작했어요. '매우 지혜로운 인간'이라는 뜻을 지닌 이들은 돌날과 같은 발달된 도구를 사용했지요. 우리가 흔히 크로마뇽인이라고 부르는 사람이 바로 이 호모 사피엔스 사피엔스예요.

인류는 이렇게 오랜 시간에 걸쳐 진화하며 도구를 발전시켜 왔답니다.

호모 사피엔스
오늘날의 인류와 뇌가 거의 같아요.
보통 네안데르탈인이라고 하지요.

조금 더 정교한 슴베찌르개를 만들어 썼어.

호모 사피엔스 사피엔스
인류의 직접 조상이에요.
보통 크로마뇽인이라고 불러요.

돌날과 같은 도구를 만들어 썼어.

역사 시대

선사 시대의 뒤를 이은 역사 시대는 문자를 이용하여 기록을 남긴 시대예요. 우리나라 최초의 국가인 고조선의 뒤를 이어 부족들이 힘을 합쳐 여러 나라를 세웠지요. 대표적인 나라는 고구려, 백세, 신라 삼국과 가야예요. 이들은 서로 힘을 합쳐 적에게 맞서기도 하고, 때로는 서로 싸우기도 하면서 발전과 후퇴를 거듭했어요. 신라가 삼국을 통일하여 통일 신라가 된 뒤에도 일부 고구려 유민들은 발해라는 나라를 세워 고구려의 옛 영광을 꿈꾸었답니다.

고구려실, 백제실, 가야실, 신라실, 통일신라실, 발해실을 차례로 살펴보면서 건국과 멸망으로 이어지는 역사 속으로 함께 떠나 보아요.

기원전 57년
박혁거세가 사로국(신라)을 세웠어요.

기원전 18년
온조 왕자가 백제를 세웠어요.

서기 42년
김수로왕이 금관가야를 세웠어요.

기원전 37년
주몽 왕자가 고구려를 세웠어요.

서기 660년
백제가 멸망했어요.

> 여러 나라가 세워지고, 멸망하면서 역사가 지속되었어.

서기 668년
고구려가 나당 연합군에 항복했어요

서기 676년
신라가 삼국을 통일했어요.

서기 698년
대조영이 발해를 세웠어요.

서기 926년
발해가 멸망했어요.

부여 · 삼한 시대에서 발해까지

한반도에 최초로 고조선이 세워진 뒤로 여러 나라가 생겨나고 멸망했어요.
과연 어떤 나라들이 어떤 역사를 펼쳐 나갔는지 알아보아요.

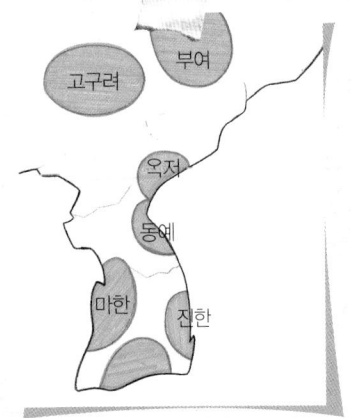

부여 · 삼한 시대

부여 · 삼한 시대는 고구려, 백제, 신라의 삼국 시대가 본격적으로 펼쳐지기 이전의 시대를 말해요. '삼한 시대' 또는 '부족 국가 시대'라고도 하지요. 고조선이 있던 낭시 고조선의 북쪽에는 고구려와 백제의 어머니가 되는 나라인 부여가 있었고, 임둔이나 진번과 같은 지역도 있었어요. 또한 한반도 중부와 남부 지역에는 옥저, 동예, 삼한이 있었지요. 삼한은 낙동강 동쪽의 진한 12국, 낙동강 서쪽의 변한 12국, 전라 · 충청 · 경기 일대의 마한 54국의 연맹체를 통틀어 이르는 말이에요.

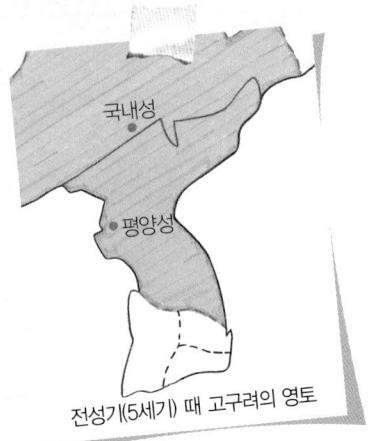

전성기(5세기) 때 고구려의 영토

고구려

넓은 영토를 가졌던 고구려는 5세기에 최고 전성기를 이루었어요. 광개토 대왕은 북쪽인 중국 쪽으로 영토를 넓혔고, 아들인 장수왕은 고구려의 수도를 국내성에서 평양성으로 옮긴 뒤 고구려의 영토를 남쪽으로 더욱 넓혀 갔어요. 598년과 612년에 일어난 수나라와의 전쟁에서 고구려는 큰 승리를 거두었지요. 그러나 신라와 당나라의 합동 공격으로 668년에 멸망하였답니다.

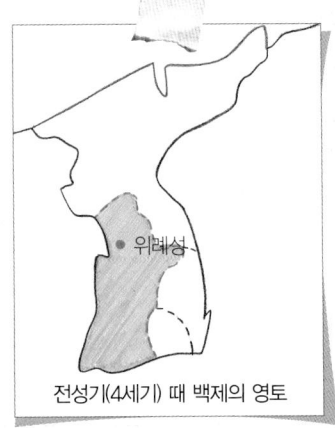

백제

백제는 부여계 이주민들이 한강 유역에 세운 백제국이 점차 마한 지역을 통합하면서 성장했어요. 그 뒤 도읍을 웅진(지금의 공주), 사비(지금의 부여)로 옮기면서 독특한 문화를 펼쳤지요. 또한 그 문화를 일본으로 전파해 고대 일본의 아스카 문화가 형성되는 데 영향을 미쳤어요. 근초고왕이 디스리던 시기에는 강력한 군사력과 경제력을 바탕으로 중국의 요서 지방과 산둥 지방, 일본의 규슈 지방까지 진출하였지요. 그러나 고구려와 마찬가지로 660년, 신라와 당나라의 합동 공격으로 멸망하고 말았어요.

전성기(4세기) 때 백제의 영토

가야

가야는 변한의 옛 땅인 낙동강 중하류에서 풍부한 철 자원을 바탕으로 성장하였어요. 가야는 여러 작은 나라들이 힘을 합쳐 만든 연맹 국가로 초기에는 금관가야가 가야 연맹의 대표였어요. 후기에는 대가야를 중심으로 성장했지요. 가야는 품질 좋은 철을 생산하여 중국과 일본, 한반도 곳곳에 팔아 경제력을 키웠어요. 또한 발달한 해상 교통을 바탕으로 다른 나라와 활발하게 교류를 해 나갔지요. 그러나 작은 나라들이 모인 연맹 국가이다 보니 전체가 힘을 합쳐서 일을 하는 데 어려움이 많았어요. 결국 백제, 신라와의 경쟁에서 점차 뒤처지고 말았지요.

5세기의 가야의 영토

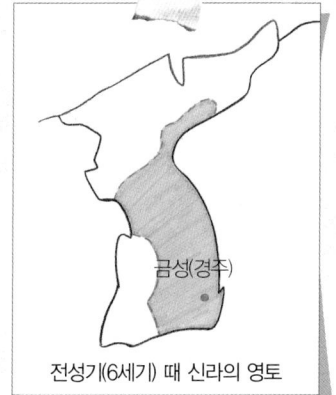

전성기(6세기) 때 신라의 영토

신라

한반도 동남쪽에 있던 진한 12국 가운데 경주 지역의 사로국이 발전한 신라는 '황금의 나라'라고 불릴 만큼 화려하고 뛰어난 금 공예품을 많이 만들었어요. 삼국 가운데 가장 늦게 나라의 기틀을 마련하였지만 삼국을 통일할 만큼 크게 성장하였지요. 신라의 영토를 가장 크게 넓히며 전성기를 이끈 진흥왕은 신라가 삼국을 통일하는 밑바탕을 마련하는 데 큰 역할을 했어요.

통일 신라

신라가 삼국을 통일한 뒤 우리의 역사는 크게 바뀌었어요. 삼국의 백성들이 하나가 되면서, 삼국의 문화가 함께 어우러져 우리 문화의 큰 틀을 이루었지요. 통일 신라는 불교의 힘을 빌려 고구려와 백제의 유민들을 하나로 모았어요. 하나의 종교를 믿고 따르면 마음을 합치기 쉽기 때문이지요. 통일 신라의 대표적인 불교 건축물인 불국사나 석굴암은 불교가 크게 발전했던 통일 신라의 모습을 보여 주어요.

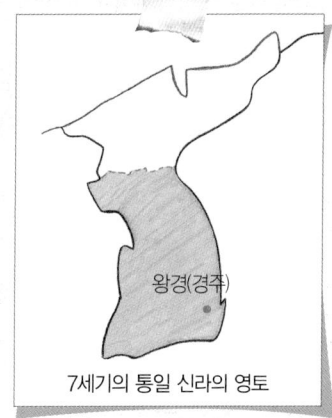

7세기의 통일 신라의 영토

발해

북쪽은 발해가, 남쪽은 통일 신라가 다스리던 때를 남북국 시대라고 불러요. 발해는 대조영이 고구려의 유민들을 모아 만주 동모산 일대에 세운 나라예요. 발해는 제2대 무왕 때 말갈족이 많이 사는 동쪽과 북쪽으로 영토를 늘려 갔지요. 그러다 보니 발해 사람들 가운데 말갈족의 비중이 크게 늘어났어요. 발해의 영토는 남쪽으로는 통일 신라, 북쪽으로는 헤이룽 강, 동쪽으로는 연해주와 동해, 서쪽으로는 거란과 맞닿아 있었어요. "발해인 셋이면 호랑이를 당해 낸다."고 알려질 정도로 발해는 강하고 굳센 나라였답니다.

9세기 전반의 발해의 영토

일상생활에서 철기를 사용하다

부여·삼한 시대에는 철기 생산이 더욱 본격화되어 쇠로 만든 농기구와 무기가 널리 사용되었어요.

철기의 보급으로 사회가 어떻게 변했는지 알아볼까요?

철기가 가져온 생활 변화

부여·삼한 시대에는 철기 제작 기술이 전국적으로 전해져 일상생활에 큰 변화가 생겼어요. 사람들은 철을 사용해 농기구뿐만 아니라 칼·창·화살촉 등의 무기와 말갖춤을 만들었지요. 특히 철로 만든 낫은 노동력과 시간을 아껴 주어 한 번에 많은 양의 곡식을 수확할 수 있게 되었어요. 철제 농기구는 이렇게 생산력을 높여 주었지만, 그에 따른 부작용도 생겨났어요. 철제 농기구를 가진 사람들은 많은 땅을 가지며 노예를 부렸지만, 가지지 못한 사람은 더욱 힘든 생활을 하게 된 것이에요. 즉 계급에 따른 빈부의 차이가 심해졌지요.

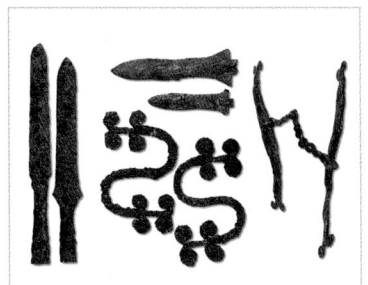

부여·삼한 1~3세기, 영남 지역
철제 무기(위), 철제 농기구(아래)

계급의 차이는 무덤에서도 나타나요. 남부 지방에서 주로 발견되는 덧널무덤은 널무덤에 비해 껴묻거리가 매우 많고 화려해서 지배자의 무덤으로 추정되어요.

이렇듯 철기는 사람들의 생활에 많은 변화를 가져다주었으며, 더욱 강한 국가를 만드는 데 도움을 주었어요.

말갖춤
말을 다루는 데 필요한 재갈·굴레·고삐와 말 탄 사람의 안정을 위한 발걸이·안장·가슴걸이·뒤걸이, 그리고 말을 꾸미는 꾸미개·말방울·기꽂이 등을 말갖춤이라고 해요.

덧널무덤
관을 넣어 두는 방을 나무로 만든 무덤이에요.

널무덤
구덩이를 파고 시체를 직접 넣거나 목관에 시체를 넣고 그 위에 흙을 쌓아 올린 무덤이에요.

부여·삼한 시대에는 철기를 본격적으로 사용하면서 여러 부족 국가가 생겨났어.

사람들의 생각과 생활을 보여 주는 것들

부여·삼한 시대에는 물레나 밀폐된 가마를 사용해 새로운 기술인 '두드림 기법'을 써서 토기를 만들었어요. 이렇게 만든 토기는 주로 회색을 띠고 단단하여 실용적이었지요. 또 새나 오리 모양의 토기가 많이 발견되는데, 이것은 당시 사람들이 새가 죽은 사람의 영혼을 하늘로 이끈다고 생각했기 때문이에요.

사람들은 꾸미개로 아름다움을 표현하기도 했어요. 금이나 은보다 구슬을 귀하게 여겨 수정을 다듬어서 구슬을 만들었어요. 또 유리, 마노, 호박 등 다양한 재료를 줄에 꿰어 수정과 옥의 빛깔을 그대로 살린 목걸이를 만들어 치장했답니다.

부여·삼한 3세기, 울산 중산리, 높이 32.5센티미터

오리 모양 토기
등과 꼬리의 구멍으로 액체를 담거나 따를 수 있어요.

⚙ 마노
고운 적갈색이나 흰색 무늬를 띠어 보석이나 장식품으로 사용하는 광물이에요.

⚙ 호박
투명하거나 반투명하고 광택이 있어 장식품으로 많이 사용하는 노란색 광물이에요.

활발한 대외 교류

본격적으로 철기를 만들어 내면서 주변 나라들과의 교류도 활발해졌어요. 특히 낙랑과 일본 등에 철과 철기를 수출하였어요. 반대로 중국과 일본, 북방의 문물이 들어오기도 했어요. 중국에서 들어온 청동으로 만든 거울, 세발솥, 호랑이 모양 허리띠 고리 등이 이를 뒷받침하는 중요한 자료이지요.

우리나라에서는 이러한 유물들이 자주 발견되지 않지만 중국에서는 이러한 모양의 유물들을 사용했다는 자료가 많이 남아 있어요. 따라서 우리나라와 중국이 교류했음을 알 수 있답니다.

> 중국에서 중요한 의식에 쓰던 그릇이야. 신분과 정치적 권위를 상징했지.

> 중국에서만 발견되던 유물이 우리나라에서도 발견되었으니 서로 교류했음을 알 수 있구나.

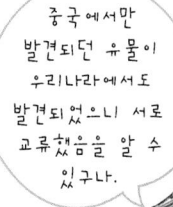

부여·삼한 1세기, 경북 경주 사라리, 길이(아래) 22.8센티미터

호랑이 모양 허리띠 고리

부여·삼한 2~3세기, 울산 하대, 높이 49.8센티미터

청동 세발솥

고구려실
기마민족의 용맹함을 펼치다

고구려는 삼국 중 맨 먼저 고대 국가의 모습을 갖추었어요. 또 고유 문화를 유지하면서도 중국과 서역, 북방의 문화를 적극적으로 받아들여 역동적이고 실용적인 문화를 만들어 냈지요.

각종 꾸미개와 토기, 기와, 벽돌, 고구려의 대외 교류를 보여 주는 유물이 전시된 고구려실을 둘러보면서 고구려의 문화와 생활 모습을 알아볼까요?

관모
옛날 나랏일을 맡아보는 관원들이 썼던 모자예요.

고구려 5~6세기,
서울 능동,
길이 6센티미터

귀고리
굵고 둥근 고리에 달린 작은 공과 추 모양의 드리개가 특징이에요.

신분을 나타내는 금속 공예품

고구려는 청동기 및 철기 제작 기술을 바탕으로 중국, 북방의 금속 문화를 더해 수준 높은 금속 공예 문화를 이루었어요. 그런데 금속 공예품은 신분이 아주 높은 사람만이 착용할 수 있었어요. 그래서 잘 알려진 금속 공예품은 대부분 관모와 귀고리, 금동 신발, 허리띠 등 지배층의 권위와 위엄을 드러내는 꾸미개예요. 그중 가장자리를 오려 깃털 모양으로 만든 금동 관 꾸미개는 지배층의 옷차림 중 하나예요. 5세기 전후로 크게 유행한 귀고리는 신라의 귀고리에도 많은 영향을 주었어요.

관 꾸미개를 한 모습이에요.

고구려 기상을 나타낸 여러 무늬의 기와

고구려의 화려한 건축물을 보면 그 수준이 매우 높았음을 알 수 있어요. 특히 다양한 기와는 궁궐, 관아뿐만 아니라 장군총, 태왕릉 같은 무덤에도 사용하였어요.

고구려 기와는 선이 굵고 날카로우며 크게 도드라진 것이 특징인

고구려, 지린 성 출토로 전함, 길이 34.8 센티미터
금동 관 꾸미개

데, 이것은 고구려 문화의 기상을 나타내지요. 초기에는 주로 회색 기와를 만들었으며, 불교가 들어오면서 연꽃무늬 **수막새**가 유행했어요. 수도를 평양으로 옮긴 뒤에는 적갈색 기와를 많이 만들고, 연꽃무늬, 넝쿨무늬, 짐승 얼굴 무늬 등 기와의 무늬가 다양해졌어요. 고구려는 삼국 가운데 맨 먼저 기와를 만들어 주변 나라에 많은 영향을 주었답니다.

고구려, 지름 18.2센티미터
짐승 얼굴 무늬 수막새

고구려, 지름 21.5센티미터
연꽃무늬 수막새

수막새
막새를 달리 이르는 말로 한쪽 끝에 둥근 모양 또는 반달 모양의 혀가 달린 수키와예요.

뛰어난 민족 유산, 고분 벽화

고분 벽화는 무덤의 안을 장식하는 예술이에요. 세계적으로 뛰어난 우리 민족의 문화유산이지요.

벽화의 주제는 시기와 지역에 따라 달라요. 3세기 말에서 5세기 초에는 주로 묻힌 사람이 살아 있을 때의 생활 모습을 그렸어요. 5세기 중엽에서 6세기 초에는 생활 풍속과 사신, 넝쿨무늬, 구름무늬, '왕(王)' 자 무늬 등 장식 무늬를 함께 그려 넣었지요. 6세기 중엽에서 7세기 중엽에는 주로 벽면 전체에 사신을 그렸어요.

사신은 무엇일까요?

고구려 무덤 벽화에 그려져 있는 사신은 청룡, 백호, 주작, 현무로 이루어져 있어요. 이 중에 청룡과 백호는 귀신을 물리치는 신수*로 여겨 한 마리씩 그려 놓았고, 주작과 현무는 '음양 조화'의 신수로 여겨 주작은 암수 한 쌍으로, 현무는 수컷인 뱀과 암컷인 거북의 자웅합체*로 그려 놓았어요. 사람들은 사신을 무덤 주인을 위한 수호신으로 여겼답니다.

*신수 : 신비한 힘을 갖고 있는 짐승을 말해요.
*자웅합체 : 암수가 한 몸인 것을 말해요.

고구려, 남포시 강서구역, 강서 대묘 널방 남벽
벽화 모사도 '주작'

사신은 무덤 주인을 위한 수호신으로 여겼어.

무덤 입구를 바라보고 섰을 때 앞은 주작, 뒤는 현무, 왼쪽은 청룡, 오른쪽은 백호 등으로 사신의 위치가 정해졌어.

이런 모양으로 무덤 안에 벽화를 그렸어요.

그렇다면 고구려인들은 왜 무덤에 벽화를 그렸을까요? 옛날 사람들은 죽은 뒤에도 새로운 삶이 이어진다고 생각했어요. 그래서 죽어서도 살아 있을 때 가졌던 것들을 누릴 수 있도록 소중히 여긴 물건들을 함께 묻어 주었지요. 이 풍습이 시간이 지나면서 무덤 안에 그림을 그리는 것으로 바뀌었어요. 그것이 바로 고분 벽화예요.

고구려 문화의 전파

고구려는 중국을 비롯한 여러 북방 민족과 교류하면서 다양한 외래 문화를 받아들였지만 고유한 문화를 바탕으로 고구려만의 독특한 문화를 발전시켜 나갔지요. 그리고 이러한 고구려 문화를 백제, 신라, 가야 등에 적극적으로 퍼뜨렸어요.

신라 무덤에서 출토된 '글자가 새겨진 청동 그릇'에는 광개토 대왕을 가리

고구려 시대에 상류층 여인들은 나라에서 정한대로 옷을 입어야 했어. 쌍영총 벽화를 보면 알 수 있어.

고분 벽화로 알 수 있는 고구려인의 생활

고분 벽화를 보면서 고구려인들의 의식주 생활을 확인해 볼까요?

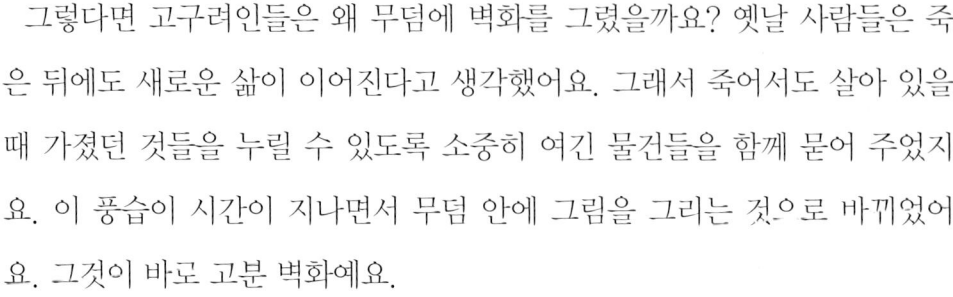

고구려 안악 3호분 고분 벽화
세 명의 여인이 부엌에서 일을 하는 모습이 그려져 있어서 고구려인들의 생활 모습을 알 수 있어요.

의(옷) '쌍영총 벽화'에는 여인들이 엉덩이를 덮는 저고리와 주름치마를 입고, 머리띠로 머리카락을 고정한 모습이 그려져 있어요. 이는 당시 상류층 여인들의 복장이지요.

식(음식) '고구려 안악 3호분' 고분 벽화의 부엌 그림에는 여인들이 부뚜막 아궁이에 불을 때고, 국자로 국물을 뜨는 모습이 그려져 있어요. '덕흥리 고분'에는 술, 고기, 쌀, 된장이 가득하다는 글도 있어요.

주(집) 고구려 고분 벽화에 그려진 귀족들의 집안 생활을 보면 조선 시대 양반처럼 앉아서 생활하는 모습은 거의 볼 수 없어요. 대부분 의자나 침상에 걸터앉아 생활했지요. 바로 온돌 장치가 없었기 때문이에요. 그래서 '무용총'의 접객도를 보면 방바닥에 돗자리와 같은 깔판이나 널빤지를 깐 것을 확인할 수 있어요.

고구려, 평남 남포 쌍영총, 높이 44센티미터

말 탄 사람이 그려진 벽화 조각

쌍영총 널길* 서쪽 회벽 위에 그려진 벽화 조각이에요. 1913년 일본인이 쌍영총을 조사할 때는 벽면에 부착되어 있었지만, 그 뒤 떼어져 조선총독부 박물관에 보관되었어요. 말 탄 사람의 모습이 그려져 있어 당시 고구려의 복식과 말갖춤을 살펴볼 수 있는 귀중한 자료예요. 지금은 국립중앙박물관 고고관에서 볼 수 있어요.

*널길 : 고분의 입구에서 시신을 놓아둔 방까지 이르는 길을 말해요.

키는 '호태왕'이라는 글자가 쓰여 있어
요. 신라 무덤에서 나온 네귀 달린 청동
항아리와 가야 무덤에서 출토된 투구와
말 머리 가리개, 백제 능사에서 출토된
굴뚝 등을 보아도 삼국에 미친 고구려
문화의 영향을 알 수 있어요.

고구려 문화의 전통은 통일 신라, 발
해 등으로 이어져 우리 민족 문화의 기
반을 이루었어요.

유물퀴즈

다음 설명을 읽고 연상되는 고구려의 유물은 무엇인지
써 보세요. (29쪽 참고) (   )

❶ 고구려에서 맨 먼저 만들어 주변 나라에 영향을 주었어요.
❷ 불교가 들어오면서 연꽃무늬가 유행했어요.
❸ 선이 굵고 날카로우며 크게 도드라진 특징을 보여요.

☞정답은 56쪽에

글자가 새겨진 청동 그릇

신라 지배층의 무덤에서 출토된 고구려 청
동 그릇이에요. 바닥에 '을묘년국강상광개
토지호태왕호우십'이라는 글자가 광개토
대왕릉비와 같은 글자체로 새겨져 있어요.
'을묘년'은 광개토 대왕의 장례를 치른 다
음 해(415년)로, 이 그릇은 광개토 대왕의
장사를 지낸 일 년 뒤에 신라 사신이 고구
려에서 받아 온 것이라고 추정해요.

강서대묘의 널방 서벽에 있는 백호(아래)

고구려, 경북 경주 호우총, 높이 19.4센티미터

고분 벽화는
고구려인들의 생활
모습을 잘 보여 줘서
역사 연구에 큰
도움이 되지.

여기서 잠깐!

비교해서 써 보세요.

고분 벽화에 나타난 고구려인들의 의식주 생활
중에서 오늘날 우리의 생활과 비교했을 때 비슷
한 부분을 써 보세요.

☞정답은 56쪽에

백제실

예술을 널리 전파하다

백제는 부여계 이주민들이 한강 유역에 세운 백제국이 점차 **마한** 지역을 통합하면서 성장했어요. 그 뒤 수도를 웅진(지금의 공주)과 사비(지금의 부여)로 옮기면서 독특한 문화를 꽃피웠지요.

그럼, 찬란한 백제 문화에 대해 알아보아요.

고대 국가의 모습을 갖춘 한성 시기

백제는 삼국 중 맨 먼저 한강 유역을 차지한 뒤 성장하기 시작했어요. 먼저 전쟁에 대비해 풍납토성과 몽촌토성 등 성곽을 세우고, 다른 무덤과 차별화된 지배자의 무덤도 만들었지요.

백제의 토기는 전통적인 토기 제작 기법에 낙랑과 고구려의 기술이 더해져 고유한 특징을 보여요. 모양이 매우 다양하고, 부드럽고 우아하며 실용적이지요. 특히 이 시기에는 백제 고유의 토기인 검은 간 토기와 세발 접시, 굽다리 접시를 만들었어요. 검은 간 토기는 당시 고급품으로 여기던 **칠기**의 재질감을 표현하기 위해 토기 겉면을 갈고 닦은 것으로 보이며 지배 계층에서 주로 사용했어요.

한성에 도읍을 정하고 고대 국가의 모습을 갖춘 백제는 이후 경기, 강원, 충청 지역으로 그 세력을 넓혀 갔어요.

마한
고대에 경기도, 충청도, 전라도 지방에 걸쳐 있던 나라예요. 마한과 함께 진한과 변한이라는 나라를 합쳐 삼한이라고 불렀어요.

칠기
검은 잿물을 입혀 만든 도자기예요.

한성기는 백제 문화의 기틀이 마련된 시기야.

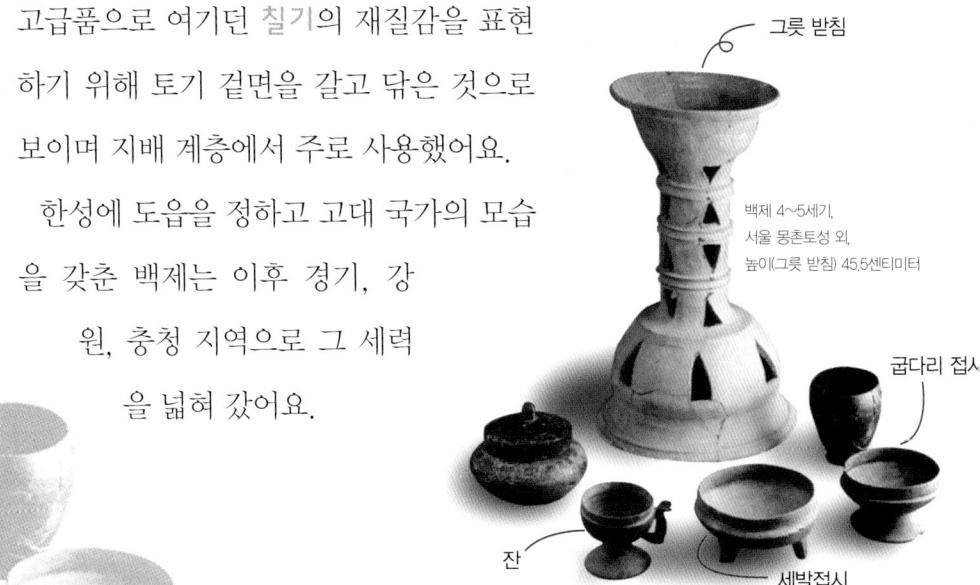

그릇 받침

백제 4~5세기,
서울 몽촌토성 외,
높이(그릇 받침) 45.5센티미터

굽다리 접시

잔

세발접시

한성기 토기

다시 일어선 웅진 시기

세력을 넓히던 백제는 고구려의 공격으로 한성을 빼앗기자 도읍을 웅진으로 옮겼어요. 그 뒤 국가가 안정되면서 중국 남조, 송나라와 활발한 교류를 펼치는 등 중흥기를 맞았지요. 이러한 사실은 무령왕릉을 비롯한 공산성, 송산리 등의 유적에서 확인할 수 있어요.

무령왕릉은 백제 제25대 왕인 사마왕의 무덤이에요. 2천900여 점의 유물과 함께 묘지석이 발견되어 무덤의 주인공을 알 수 있는 유일한 곳이지요. 수천 개의 벽돌을 쌓아 올려 만든 벽돌 무덤이며, 천장은 터널처럼 둥글어요. 무덤 안에서 화려한 금제 관모와 관식을 포함해 매우 다양한 금·은제 장신구들이 나왔고, 나무로 만든 베개와 발받침, 중국 도자기, 청동 거울 등의 유물도 발견되었지요.

무덤의 구조와 발견된 유물에서 중국과 일본의 문화가 묻어나기도 해요. 하지만 관 꾸미개나 귀고리 등은 백제만의 세련되고 우아한 특징을 지니고 있어서 백제가 주체성을 가지고 다른 문화를 받아들였음을 알 수 있어요.

⊛ **중흥기**
쇠퇴하던 것이 중간에 다시 일어나는 때를 가리키는 말이에요.

⊛ **사마왕**
백제의 제25대 왕으로 이름은 사마, 시호는 무령이에요.

⊛ **관식**
머리에 쓴 관모를 꾸미는 장식물을 말해요.

무령왕릉의 무덤방
무령왕릉은 도굴되지 않아 백제 연구의 귀중한 자료로 꼽혀요.

백제 6세기, 충남 공주

얇은 금판에 인동 당초 무늬와 불꽃 무늬 장식을 새겨 놓았단다.

관 꾸미개
백제 6세기,
충남 공주 무령왕릉,
높이 22.6센티미터

여기서 잠깐!

무엇일까요?

아래 설명의 ○○에 공통으로 들어갈 말은 무엇일까요?

(   )

무령왕릉은 수천 개의 ○○을 쌓아 올려 만든 ○○ 무덤이며, 백제 연구의 귀중한 자료예요.

☞ 정답은 56쪽에

백제 문화의 절정기, 사비 시기

538년, 성왕은 백제를 한층 더 발전시키기 위해 사비로 도읍을 옮기고 이름을 남부여로 바꾸었어요. 이 시기를 사비기라고 불러요. 사비기에는 중국에서 새로운 문물을 들여오는 한편, 이를 발전시켜 일본에 전하면서 문화의 절정을 이루었어요.

특히 사비기에는 불교가 발달하였으며 그 영향으로 화장이 유행하여 삼국 가운데 맨 먼저 뼈 단지를 만들었지요. 도교도 함께 유행했는데, 산수·짐승 얼굴·연꽃무늬가 표현된 벽돌과 백제금동대향로는 도교의 신선 사상과 불교와의 조화를 보여 주지요. 더불어 백제 미술의 우수함과 금속 공예 기술의 진수를 엿볼 수 있답니다.

사비기의 토기는 세발 접시, 병, 굽다리 접시, 그릇 받침 등 그 모양이 다양해요. 생활 유적에서 대량으로 출토되는 회백색의 전 달린 그릇과 합은 크기가 몇 가지로 통일되어 있어 토기 생산이 규격화되고, 전문화되었음을 알 수 있어요.

 화장
장사 지내는 방법 기운데 하나로 죽은 사람을 불에 태우는 것을 말해요.

 전
물건의 위쪽 가장자리 가운데 조금 넓적하게 된 부분이에요.

합
음식을 담는 놋그릇의 하나로 그릇의 높이가 높지 않고 둥글넓적하며 뚜껑이 있어요.

백제의 사상을 보여주는 대표 유물

산수 무늬 벽돌

백제 7세기, 충남 부여 외리, 길이 29.5센티미터

이 산수* 무늬 벽돌은 충청남도 부여군 규암면 외리의 사비기 절터에서 1937년 한 농부가 나무뿌리를 캐다가 우연히 발견했어요. 이곳에서는 산수 무늬, 연꽃무늬, 구름무늬 등 모두 8종류의 무늬가 새겨진 벽돌이 발견되었지요.

*산수 : 산과 물이라는 뜻으로, 경치를 이르는 말이에요

산봉우리 꼭대기에 우뚝 서 있는 것은 상상의 동물 봉황이에요. 신선이 살고 있는 신비로운 세계라는 느낌이 절로 들지요?

앞으로 시냇물이 흐르고, 뒤로는 바위와 산들이 첩첩이 서 있으며 산봉우리마다 소나무가 숲을 이루는 것이 꼭 한 폭의 산수화 같지요?

국제 문화의 교차로

백제는 중국의 발달된 문물을 적극적으로 받아들여 독창적으로 발전시켰어요. 그뿐만 아니라 우수한 문물을 일본에 전해 주는 국제 문화의 통로였지요.

한성기 유적에서 출토된 중국 도자기, 웅진기의 벽돌 무덤과 무령왕릉의 껴묻거리, 사비기에 사용된 중국 동전 등은 중국과의 교류가 활발했음을 보여 주어요. 또한 백제는 일본에 불교를 전하고 학자와 기술자를 파견하여 일본의 고대 문화인 아스카 문화 형성에 많은 영향을 미쳤어요.

유물 퀴즈

다음 글을 읽고 연상되는 유물을 써 보세요.

(   ) (33쪽 참고)

❶ 백제의 유물로 무령왕릉에서 나왔어요.
❷ 얇은 금판에 인동 당초 무늬와 불꽃 무늬 장식을 새겨 놓았어요.

☞ 정답은 56쪽에

칠지도

칠지도는 백제 왕이 일본 왕 지에게 내린 철제 칼이에요. 현재 일본 나라 현 덴리 시 이소노카미 미신궁에 있는 유물이지요. 《일본서기》라는 일본의 역사책을 보면 "백제가 일본에 하사하였다."라는 기록이 있어요. 4세기 후반 근초고왕이 백제를 다스릴 무렵 일본으로 전해진 것으로 보이며 백제가 철을 다루는 기술이 뛰어났음을 보여 주는 중요한 유물이에요.

칠지도
백제 4세기, 일본 이소노카미 신궁,
길이 74.9센티미터

백제 금동대향로

백제인의 뛰어난 금속 공예 기술과 예술성이 어우러져 만들어 낸 걸작이에요. 악취를 제거하고, 부정을 없애기 위해 향을 피우던 도구로 대좌부*와 몸체, 뚜껑의 세 부분으로 이루어져 있어요.

*대좌부 : 향로의 몸체를 받치는 부분을 말해요.

용의 입에서 피어나는 연꽃과 대좌부에 있는 동물들은 물속 세상을 나타내요.

뚜껑

몸체

대좌부

뚜껑 꼭대기의 봉황은 하늘을 뜻해요.

봉황이 밟고 있는 알은 백제 시조인 부여씨의 난생 설화를 뜻해요.

산과 사람, 동식물을 새겨 신선들이 산다는 박산*을 표현했어요. 도교 사상을 나타낸 것이지요.

*박산 : 중국의 전설에 나오는 산으로, 바다 가운데 있으며 신선이 산다고 해요.

몸체에 표현된 연꽃잎은 불교 사상을 나타내요.

백제 6~7세기, 충남 부여 능산리 절터, 높이 61.8센티미터

35

가야실
철기 공화국을 이루다

💮 연맹

같은 목적을 가진 국가나 단체가 서로 돕고, 함께 행동하기로 약속한 조직이에요.

가야는 삼한 중 변한의 옛 땅인 낙동강 중, 하류에서 성장했어요. 고구려나 백제와 같이 하나의 통일된 국가가 아니라 여러 국가가 연맹체를 형성하여 만든 연맹 국가였어요.

철기 문화를 바탕으로 한 가야의 발전에 대해 알아보아요.

대표적인 가야 연맹

가야는 6개의 나라가 뭉친 연맹 국가였어요. 그중 금관가야와 아라가야, 대가야가 대표적인 3개의 나라예요.

금관가야는 변한의 구야국이 성장해서 발전한 나라로 오늘날의 경남 김해와 부산 지역에 있었어요. 철이 많이 생산되어 대외 교류에서 중요한 위치를 차지하면서 전기 가야 연맹의 중심이 되었지요. 아라가야는 변한의 안야국이 성장한 나라예요. 낙동강과 남강이 만나는 경남 함안 지역에 자리 잡아 지리적 이점을 이용해 발전했어요. 대가야는 변한의 반로국이 발전한 나라로, 지리적으로 농업에 유리하며, 철기 제작 기술이 뛰어나 새로운 문화 중심지가 되었지요. 5세기, 세력이 약해진 금관가야를 대신해 가야 연맹의 주도권을 잡았어요.

대가야는 지금의 경북 고령 지역을 중심으로 발전했어.

유물퀴즈

백제 시대의 대표적인 유물인 산수 무늬 벽돌과 백제금동대향로에서 공통적으로 알 수 있는 두 가지 사상은 무엇일까요? (34, 35쪽 참고)

❶ ( )

❷ ( )

📝 정답은 56쪽에

여기서 잠깐!

이유를 써 보세요.

한반도의 소규모 세력으로 등장한 가야가 지속적으로 발전할 수 있었던 이유를 두 가지 써 보세요.

1. _____

2. _____

📝 정답은 56쪽에

가야를 이끈 힘, 철기

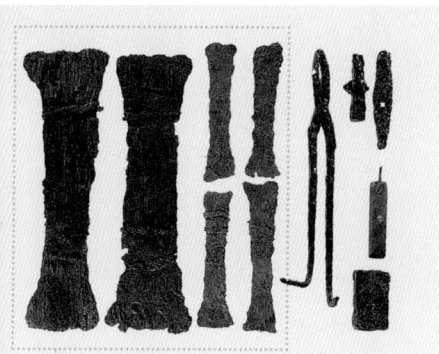
덩이쇠와 철기 제작 도구
네모 안에 있는 것이 덩이쇠예요.

가야 5세기, 부산 · 경남 양산 · 합천, 길이(왼쪽) 44센티미터

이렇게 여러 나라가 모인 연맹체로 구성된 가야는 생활에 필요한 따비, 괭이, 쇠스랑, 낫 등의 농기구와 손칼이나 도끼 등의 공구를 철로 만들어 사용했어요. 철로 만들어 단단한 도구는 많은 곡식을 수확할 수 있게 해 주었지요. 또한, 이 시기에는 전쟁이 잦았기 때문에 철로 칼, 창, 화살촉, 도끼 등의 단단한 무기도 만들었어요.

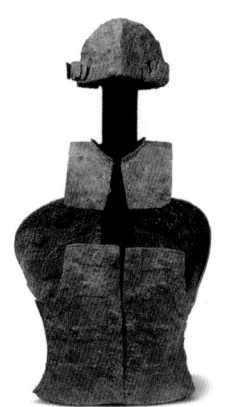
가야 5세기, 경북 고령 지산리, 높이 49.6센티미터
갑옷과 투구
투구의 아랫부분엔 목을 보호하기 위해 3개의 철판을 따로 대었어요.

삼국과의 전쟁이 자주 일어난 5세기에는 병사의 몸을 보호하기 위해 갑옷과 투구를 많이 만들었어요. 갑옷에는 판갑옷과 비늘갑옷, 두 종류가 있어요. 판갑옷은 가로로 긴 철판을 사람의 몸에 맞게 구부려 못으로 연결해 만들었어요. 기마병이 주로 입던 비늘갑옷은 작은 철판을 물고기 비늘처럼 엮어 만들었어요. 판갑옷에 비해 몸을 움직이기가 쉬워 전투력을 높일 수 있었지요.

투구는 병사들의 머리를 보호하기 위해 만들었어요. 4개의 긴 철판을 위아래로 연결하고 주걱 모양의 철판을 정수리 부분에 덮은 뒤 둥근 못으로 고정했지요. 투구의 정수리 부분에는 새의 깃털처럼 생긴 여러 가지 장식을 붙이기도 했어요.

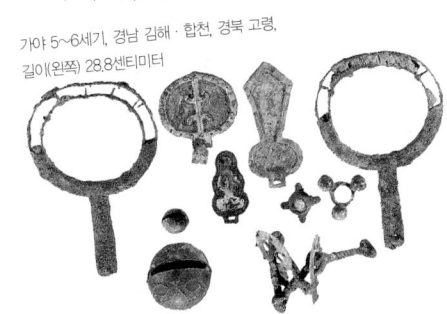
가야 5~6세기, 경남 김해 · 합천, 경북 고령, 길이(왼쪽) 28.8센티미터
말갖춤
가야에서 만든 철을 이용한 말갖춤은 처음엔 고구려의 영향을 받았다가 차츰 가야 특유의 형태를 갖추었지요.

가야는 풍부한 철을 바탕으로 새로운 무기와 말갖춤을 만들어 세력을 키울 수 있었어요.

독특한 토기가 발달한 가야

가야는 부여·삼한 시대에 발전한 토기 제작 기술에 빠르게 회전하는 물레, 굴가마 등 새로운 방법을 더해 다양한 토기를 만들었어요.

가야의 토기는 굴가마에서 높은 온도로 구워서 만든 회색의 토기와 실생활에 시용한 적갈색 토기로 구분해요. 모두 곡선을 잘 살린 세련된 모양이지요. 2단으로 굽구멍이 뚫린 굽 접시, 물결무늬가 새겨진 긴 목 항아리, 다양한 높낮이와 형태의 그릇 받침 등이 대표적인 가야 토기예요.

이렇게 가야는 다양한 토기를 만들었지만 6세기 후반에 들어 신라의 세력이 확대되면서 가야 토기는 점차 독특한 특징을 잃어버리고 신라 토기와 비슷해졌어요.

다른 나라들과 마찬가지로 가야도 죽은 사람을 위해 무덤을 만들어 그 속에 다양한 유물과 토기 등을 묻었어요. 특히 고령 지산리 32호 무덤에서는 왕이 썼던 금동관이 출토되었어요. 이것은 지배자의 권

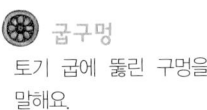
굽구멍
토기 굽에 뚫린 구멍을 말해요.

가야 각국의 토기는 얼핏 보면 비슷해 보이지만 각각 다른 특징을 지녔어.

가야 각국의 대표 토기

가야는 연맹을 이루는 나라마다 고유한 특징이 있는 토기를 만들었어요.

가야 4~5세기, 경남 김해,
높이(그릇 받침) 47.3센티미터

금관가야
물결무늬가 새겨진 화로 모양의 그릇 받침과 입술이 바깥으로 크게 꺾인 굽다리 접시를 주로 만들었어요.

가야 4~5세기,
경남 함안, 높이(그릇 받침) 49.5센티미터

아라가야
불꽃 모양의 구멍이 뚫린 굽다리 접시를 만들었어요.

가야 5~6세기, 경남 고성,
높이(그릇 받침) 48.1센티미터

소가야
납작한 몸체에 긴 네모꼴 굽구멍이 뚫린 굽다리 접시를 만들었어요.

가야 5~6세기, 경북 고령·경남 합천,
높이(그릇 받침) 60.4센티미터

대가야
신라의 영향을 받아 굽을 장식하는 세모 모양 구멍이 위아래로 엇갈리게 뚫려 있어요.

위와 위엄을 나타내지요.

또한 죽은 사람이 평안하길 바라고, 죽은 뒤의 세계에 대한 염원을 담은 상형 토기도 많이 볼 수 있어요. 그중 짐승의 뿔에 술과 같은 음료를 따라 마시던 뿔 모양 잔의 사실적인 말 머리 장식은 사산조 페르시아나 중국 등지에서도 확인할 수 있어요.

상형 토기

상형 토기란 인물이나 기물 또는 동물 등 여러 가지 모양을 본떠서 만든 토기예요.
수레·신발·배·집 등을 사실적으로 나타낸 것과 말·돼지·사슴 등의 동물 토우를 그릇에 붙인 장식 토기도 있어요. 이 토기들은 대부분 속이 비어 제사 등의 의례 행사 때 술이나 음료를 담는 데 썼고, 의식이 끝난 뒤 무덤에 묻은 것으로 추측해요.

주변 나라와의 활발한 국제 교류

바다와 맞닿은 가야는 바닷길로 나아가 주변 나라와 활발하게 교류했어요. 또한 풍부한 철 자원을 바탕으로 대륙에 있는 몽골이나 중국 지역에 사는 민족과도 교류를 했지요. 호랑이 모양 띠고리나 청동 솥, 청동 거울은 내몽골이나 중국의 유목 기마 민족으로부터 들여온 유물이에요. 또한 일본 유물의 특징이 묻어 나는 벽옥제 돌 화살촉, 바람개비 모양 청동기와 아가리가 넓게 벌어진 적갈색 토기 등이 가야 영토에서 발견된 것으로 보아 가야가 일본과 교류했음을 알 수 있지요.

🌸 **사산조 페르시아**
226년부터 651년까지 페르시아를 지배하던 왕조예요. 페르시아는 기원전 559년에 현재의 이란 땅에 세워진 나라예요.

후기 가야 시대에는 경북 고령에 있는 대가야를 중심으로 중국 남조와 일본과의 교류를 늘려 갔대.

자, 우리 가야의 토기라오. 뛰어나지 않소?

가야의 토기는 굉장히 아름답스무니다!

눈부신 황금 시대를 맞다

신라는 한반도 남동쪽에 있던 진한 12국 가운데 경주 지역의 사로국이 성장한 나라예요. 주변의 작은 나라들을 합하여 영토를 확장한 신라는 6세기에 고대 국가 체제를 완성했어요.

자, 그럼 찬란한 황금의 문화를 꽃피운 신라의 문화를 만나러 신라실로 떠나 볼까요?

강력한 왕권을 보여 주는 꾸미개

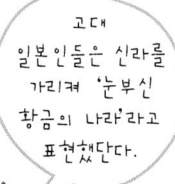

고대 일본인들은 신라를 가리켜 '눈부신 황금의 나라'라고 표현했단다.

금관과 허리띠, 관모, 관 꾸미개, 귀고리 등 신라의 꾸미개는 매우 화려하고 다양해요. 이러한 꾸미개는 장식하기 위해서보다는 왕의 힘과 권위를 나타내기 위해 사용했어요. 또한 왕의 힘이 직접 닿지

강력한 왕권을 나타낸 여러 가지 꾸미개들

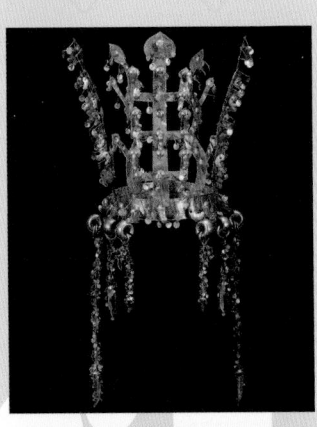

금관
신라 5세기, 경북 경주 황남대총 북분, 관의 높이 27.3센티미터

금관은 무덤 주인공의 정치적·사회적 신분을 알려 주는 가장 중요한 자료예요. 이 금관은 신라에서 가장 큰 무덤인 경주의 황남대총에서 발견되었어요. 3개의 나뭇가지 모양과 2개의 사슴뿔 장식을 관테의 안쪽에 덧대고, 금 못 3개를 박아 고정했으며 여러 무늬와 옥 장식으로 화려함을 더했지요. 또 '부인대'라는 명문이 새겨진 은제 허리띠 끝장식과 많은 양의 꾸미개, 가락바퀴가 출토된 것으로 보아 여자의 무덤으로 추측해요. 이런 금관은 실제로 착용한 것은 아니고 장례용으로만 쓰였어요.

금 허리띠
신라 5세기, 경북 경주 황남대총 북분, 길이 120센티미터

가죽 허리띠를 장식했던 금속의 띠꾸미개와 띠드리개만 남아 있어요. 띠드리개는 13줄로 크고 작은 판을 교대로 연결하여 만들었으며 맨 아래에 곱은옥, 작은 칼, 물고기, 숫돌 등이 매달려 있어요. 이러한 허리띠의 띠드리개는 원래 북방 유목 민족이 각종 일상 도구들을 몸에 달고 다니던 풍습에서 유래한 거예요.

않는 지방을 다스리는 데도 사용했지요.

신라는 각 지역에 지방관을 직접 파견하는 대신 지역마다 우두머리들을 세워서 통치했어요. 중앙의 지배층만이 가질 수 있었던 장신구와 용무늬나 봉황 무늬로 손잡이를 꾸민 고리칼 등을 우두머리에게 주어 나라의 지배층으로 인정하고 주민을 다스리게 했지요. 그러나 지역의 우두머리에게 주는 것들의 재료는 왕의 물건처럼 순금으로 만들지 않고, 금동·은·청동으로 만들었어요.

왕이나 지배 세력이 죽으면 화려한 꾸미개를 무덤에 같이 넣었어요. 죽어서도 강력한 권위와 힘을 보여 주는 것이지요.

이국적 아름다움, 봉수형 유리병

황남대총에서 발견된 이 유리병은 로마의 유리그릇과 형태나 만든 방법이 비슷해서 유라시아 대륙을 지나 비단길과 바닷길을 통해 전해진 걸로 보여요. 실수로 부러뜨린 손잡이도 버리지 않고 금실로 매어 놓은 게 인상적이에요. 신라의 유리그릇은 왕릉급의 대형 무덤에서 주로 나오는데, 금관이나 금 허리띠처럼 지배층만이 소유할 수 있었던 것으로 무덤 주인공의 정치적, 사회적 신분이 높았음을 알 수 있어요.

신비로운 연녹색을 띠고 있구나.

신라 5세기, 경북 경주 황남대총, 높이 24.7센티미터, 국보 제193호

금귀고리
신라 6세기, 경북 경주 부부총, 길이 8.7센티미터

신라 시대 무덤에서는 많은 금귀고리가 나왔어요. 정교하고 화려한 귀고리를 통해 신라인의 세련된 미적 감각과 금속 공예 기술을 알 수 있어요. 고리에는 수백 개의 금 알갱이로 이루어진 거북 등 무늬, 세잎 무늬가 보이고, 고리의 가장자리에는 37개의 나뭇잎 모양의 달개*가 달려 있어요.

*달개 : 금관 따위에 달아 반짝거리게 한 얇은 쇠붙이 장식을 말해요.

팔찌
신라 5세기, 경북 경주 황남대총 북분, 지름 7.5센티미터

팔찌는 남녀가 함께 착용하였어요. 보통 양팔에 착용하였고, 동시에 여러 개를 차기도 했지요. 황남대총에서 발굴된 감옥 팔찌는 금판을 말아 잘라 만든 금 알갱이를 붙이고 청색과 남색의 옥을 끼워 넣어 모양을 냈어요.

왕비, 나뭇잎 모양의 귀고리 달개가 참으로 아름답구려!

신라의 철기와 토기

신라는 나라의 관리 아래 전문 집단을 두어 철기와 토기를 대량으로 만들게 했어요. 경주 황성동 유적은 오늘날의 제철 공단과 같이 철을 가공하는 장소로, 고대 철기 생산의 형태와 기술을 되살릴 수 있는 중요한 유적이지요.

신라의 토기는 실생활에서 사용하기 위해서가 아니라 주로 무덤의 껴묻거리용으로 만들었어요. 처음에는 가야 토기와 비슷한 형태였지만 점차 나라의 기틀을 갖춰 나가면서 두께가 얇아지고, 굽구멍을 엇갈리게 뚫는 등 신라 토기만의 특징을 갖추었지요.

토기 겉면에는 간단한 도구를 이용하여 선이나 원, 말, 개, 사람 모양 등 여러 가지 무늬를 새기거나 달개, 토우 등을 붙여 꾸미기도 했어요. 또 토기들 중에는 겉면을 꾸미거나 토기의 벽을 고르게 하기 위해 두드리는 과정에서 우연치 않게 무늬가 만들어진 것도 많아요.

신라 5~6세기, 높이(왼쪽 위) 23.2센티미터

신라의 토기들

나라에서 철을 특별히 관리함으로써 나라가 성장하는 데 큰 밑받침이 되었대.

말 탄 사람 토기
신라, 경북 경주 금령총,
높이(위쪽) 21.3센티미터
말을 탄 사람의 차림새나 크기, 말갖춤 등에 차이가 있는 것으로 보아 서로 신분이 다르다는 것을 알 수 있어요.

여기서
잠깐!

다른 점을 찾아보세요.

왼쪽에 말을 탄 사람 모습의 토기가 있지요? 얼핏 보면 비슷해 보이지만 다른 점이 있어요. 다른 점은 무엇인지 써 보세요.

☞ 정답은 56쪽에

신라 5세기, 경북 경주 노동동 고분,
높이 40.1센티미터

흙에 담은 신라인의 사상

신라의 사회 전반을 지배한 불교가 유행하기 이전의 신라인의 모습과 사상은 토우, 상형 토기, 문자 등에서 찾아볼 수 있어요.

토우는 사람이나 동물, 그 밖의 물건을 본떠 흙으로 빚어 만든 인형을 말해요. 짐을 옮기는 등의 일상생활부터 춤추고, 노래하고, 악기를 연주하는 모습, 남자와 여자가 사랑을 나누는 장면까지 다양한 모습을 표현했지요. 이러한 토우는 풍요, 다산을 기원하는 주술적 의미를 지녀요.

잔이나 주전자 형태로 인물이나 동물 또는 특정한 물건을 본떠 만든 상형 토기는 주로 장례 의식에 사용했어요. 무덤 속이나 무덤가에 묻은 말·배·수레·오리 등의 상형 토기에는 죽은 사람의 평안과 사후 세계에서도 잘 지내기를 바라는 마음이 담겨 있어요.

토우 붙은 항아리
아가리와 항아리 밑부분이 찌그러지고 표면에 기포가 있긴 하지만, 완벽한 모양으로 남아 있어요. 항아리 목부분에 물결무늬와 원 무늬로 2단을 나누고, 그 위에 남자와 뱀, 개구리 모양 토우를 이어서 붙였어요.

✿ **다산**
아이를 많이 낳는 것을 뜻해요.

여러 가지 의미를 담은 토우

사랑·탄생

남녀가 사랑을 나누는 모습을 표현한 토우예요. 남녀가 온몸을 맞대고 누워 있거나 누운 여자 곁에 남자가 앉아 있는 모습도 있어요. 이러한 토우는 다산과 죽은 이의 재생*을 기원하는 뜻을 담은 것으로 보여요.
*재생 : 죽었다가 다시 살아나는 것을 말해요.

일상생활

무거운 짐을 안거나 머리에 이고 가는 모습, 봇짐을 어깨에 메고 있는 모습의 토우예요. 1500년 전 신라의 거리에서 볼 수 있던 장면이겠죠?

동물

호랑이나 말, 소, 개 등 동물들 모습을 토우로 남겼어요. 호랑이의 무늬나 무서운 표정, 거북 등딱지의 무늬들이 생생하게 나타나 있어요.

즐거움

신라인들이 누렸던 일상의 즐거움을 엿볼 수 있는 토우예요. 피리를 부는 모습과 연주에 맞추어 춤을 추는 모습 등을 볼 수 있어요. 이것은 일상의 모습을 재현한 것뿐만 아니라 죽은 이의 명복을 기원하는 의식의 장면으로도 생각돼요.

죽음

한 사람이 일생을 마감하는 순간을 표현한 토우예요. 죽은 사람의 곁에 무릎 꿇고 앉아 고개를 숙이고 있는 모습에서 죽음을 슬퍼하는 마음이 잘 드러나요.

독수리
호랑이
거북

삼국을 하나로 통일하다

신라는 삼국을 통일한 뒤 대동강에서 원산만 이남 지역을 차지하고 하나의 민족 국가를 이루었어요. 바로 통일 신라이지요.

그럼, 불교와 함께 발전한 통일 신라의 새로운 문화를 알아볼까요?

통일 신라의 중심지, 왕경

통일 신라는 넓어진 영토를 다스리기 위해 왕권을 강화하고 지방 행정 조직을 새롭게 고쳤어요. 이와 함께 통일 신라의 중심지인 왕경(지금의 경주)의 도로를 정비하는 등 도시 계획을 세워 실행했어요. 도시를 궁궐과 절이 있는 공간, 능이 있는 공간, 철·토기를 만드는 시설이 있는 공간 등으로 나누었지요.

왕경은 당나라, 일본, 서남아시아와 활발하게 교류하여 국제적인 도시로 성장했어.

민심을 모으고, 새로운 문화를 이끈 불교

신라는 삼국 중 가장 늦게 불교를 공인했지만 삼국을 통일하면서 불교를 나라의 이념으로 삼았어요. 고구려와 백제 유민들의 마음을 하나로 모으기 위해서였지요.

국가 차원에서 사찰을 세우고, 귀족 문화가 발달하면서 통일 신라의 기와와 벽돌은 훨씬 다양하고 화려해졌어요. 망새, 짐승 얼굴 무늬 기와나 불교 느낌이 강한 가릉빈가 무늬, 비천 무늬 등도 이때 등장했지요.

◉ **공인**
공식적으로 인정하는 것을 말해요.

◉ **가릉빈가**
불경에 나오는 상상의 새로, 사람의 머리를 하고 있다고 알려져 있어요.

◉ **비천 무늬**
하늘을 날아다니는 선녀를 나타낸 무늬예요.

통일 신라인들의 모습, 토용

토용은 흙으로 사람이나 동물의 모양을 본떠 만든 인형이에요. 무덤 속에 시신과 함께 묻어 무덤의 주인을 돌보게 했지요. 토우보다 옷이나 모자, 표정 등이 사실적이고 섬세해요.

토용은 사회적 신분에 따라 크기를 다르게 만들거나 흰 흙 위에 붉은 색을 덧칠하기도 했어요.

통일 신라 8세기, 경북 경주 용강동 무덤, 높이(왼쪽) 14.5센티미터

통일 신라, 경북 경주, 높이(뼈 단지) 16.4센티미터.

돌함과 뼈 단지

또한 불교의 영향으로 무덤을 만드는 대신 **화장**이 유행했어요. 그래서 화장한 뒤 남은 뼈를 담는 그릇도 만들어졌지요. 뼈 단지는 주로 뚜껑이 있는 단지 하나를 사용했지만, 일부는 큰 단지 안에 다시 작은 단지를 넣기도 했어요. 죽은 뒤의 세계에 대한 불안을 떨치기 위해 뼈 단지 주변에는 십이지상을 놓거나 십이지의 이름을 새겨 넣었어요.

발달된 문물을 주고 받은 통일 신라

통일 신라는 새로운 외래 문물을 적극적으로 받아들였어요. 경주 용강동 돌방무덤에서 나온 턱수염을 기른 인물상, 당나라 복식의 영향을 받은 문관상과 여인상 및 청동제 십이지상은 중국을 비롯한 서역과의 교류를 보여 주지요. 거울 등 공예품에는 중국 당에서 유행하던 기법을 사용하기도 했어요. 또한 일본과도 밀접한 관계를 유지했어요. 금동 합이나 가위

십이 지상

십이지는 시간을 나타내는 쥐·소·호랑이·토끼·용·뱀·말·양·원숭이·닭·개·돼지의 12마리 동물을 사람의 모습으로 표현한 것이에요. 처음에는 무덤 안에 십이지상을 넣다가 차츰 수호신으로 바뀌어 무덤 둘레에 놓아두었어요.

통일 신라 8세기, 경북 경주 김유신 장군 무덤 출토로 전함, 높이(오른쪽) 39.8센티미터

등 통일 신라에서 만든 공예품이 일본 왕실의 유물 창고에 보관되어 있는 것이 이 사실을 뒷받침해 주어요.

통일 신라 8~9세기, 경북 경주 안압지, 높이 28.2센티미터

짐승 얼굴 무늬 기와

질병이나 악귀의 침입을 막기 위해 부리부리한 눈, 억센 들창코, 날카로운 송곳니, 이마의 뿔 등을 표현했어요. 이렇게 유약을 발라 구운 기와는 왕궁과 같은 특수한 건물에 사용했어요.

 화장

장사 지내는 방법 가운데 하나로, 시신을 불에 태우는 것을 말해요.

중국 도자기는 우리나라 청자에 직접적인 영향을 미쳤어.

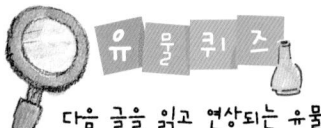

다음 글을 읽고 연상되는 유물을 찾아 ○ 하세요.

(43쪽 참고)

❶ 사람, 동물, 물건 등을 본떠 흙으로 빚어 만든 인형이에요.
❷ 일상생활, 죽음 등 신라인의 모습을 잘 보여 주어요.

(   )   (   )   (   )

☞ 정답은 56쪽에

가장 넓은 영토를 차지하다

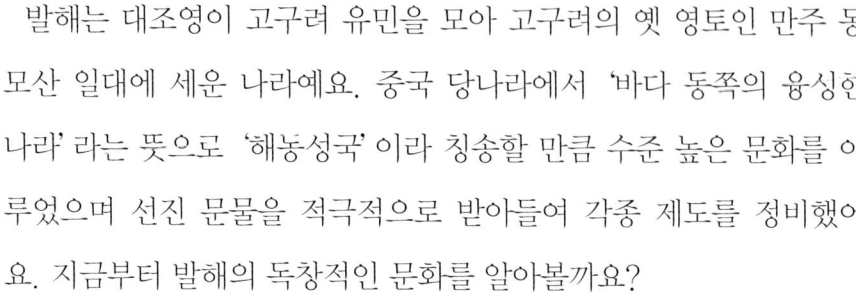

발해는 대조영이 고구려 유민을 모아 고구려의 옛 영토인 만주 동모산 일대에 세운 나라예요. 중국 당나라에서 '바다 동쪽의 융성한 나라' 라는 뜻으로 '해동성국' 이라 칭송할 만큼 수준 높은 문화를 이루었으며 선진 문물을 적극적으로 받아들여 각종 제도를 정비했어요. 지금부터 발해의 독창적인 문화를 알아볼까요?

전성기 때 발해는 대동강 이북, 중국의 랴오닝 성, 지린 성, 헤이룽장 성과 러시아의 연해주 일대에 이르는 넓은 영토를 차지했어.

발해의 도성과 건축

발해는 넓은 영토를 효과적으로 다스리기 위하여 상경, 중경, 동경, 서경, 남경의 5경을 두었고, 국가 발전을 위해 여러 차례 도읍을 옮겼어요. 도성인 상경·중경·동경에서는 잘 지어진 궁전 건축물과 화려하게 장식된 기와, 벽돌, 용 머리, 토기, 무기, 각종 불상 등이 출토되어 발해 사람들의 높은 문화 수준을 보여 주지요.

발해의 연꽃무늬 기와
지름 16.6센티미터, 도쿄대학 문학부 소장

발해 기와의 연꽃무늬는 마치 하트 모양 같구나.

연꽃무늬 막새기와는 고구려 기와의 문양과 만드는 방법이 비슷해서 발해가 고구려 문화를 이어받았음을 알 수 있어요.

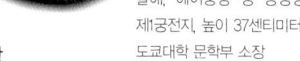

발해, 헤이룽장 성 상경성 제궁전지, 높이 37센티미터, 도쿄대학 문학부 소장

용 머리 상
건물 기단을 장식하는 데 쓰던 것이에요. 귀 밑까지 찢어진 입, 날카로운 이빨, 툭 튀어나온 두 눈, 머리에서 귀 뒷부분까지 이어진 갈퀴 등이 어떤 악귀도 얼씬하지 못할 정도로 상서로운 용의 모습이에요.

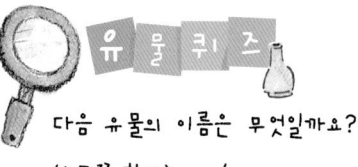

유물퀴즈

다음 유물의 이름은 무엇일까요?

(45쪽 참고) (   )

❶ 질병이나 악귀의 침입을 막기 위해 만든 기와예요.
❷ 부리부리한 눈, 억센 들창코, 날카로운 송곳니, 이마의 뿔 등을 표현했어요.
❸ 왕궁과 같은 특수한 건물에 사용했어요.

정답은 56쪽에

발해, 지린 성 팔련성, 높이 29센티미터,
도쿄대학 문학부 소장

발해의 대외 교류

발해에는 다섯 개의 중요한 대외 교통로가 있었어요. 발해의 수도인 상경에서 바다를 통하여 일본으로 가는 '일본도', 함경도의 동해 연안을 따라 신라로 들어가는 '신라도', 부여부를 지나 거란으로 이어지는 '거란도', 랴오둥 반도와 산둥 반도를 잇는 바닷길을 따라 당으로 가는 '조공도'와 당 동북 지방의 중요한 지점인 영주로 가는 육로 '영주도'가 있었지요.

발해와 가장 활발하게 교류한 나라는 당이에요. 발해는 당의 선진 문물을 받아들여 귀족 문화를 꽃피웠으며, 이러한 문화를 신라도를 통해 신라에 전했지요. 일본에 사신을 보내기도 했는데, 이것은 교역과 동시에 신라를 견제하기 위해서였어요. 지금도 일본에는 당시 일본과 발해의 활발한 교류를 증명하는 외교 문서 등이 남아 있어요.

나란히 앉은 두 부처(이불병좌상)
석가모니와 다보, 두 여래상이 나란히 앉은 모습을 표현했어요.

❋ **견제**
상대편이 세력을 펴지 못하게 억누르는 것을 말해요.

❋ **전불**
흙으로 구워 만든 불상이에요.

발해인의 정신적 지주, 불교

발해인의 정신세계를 지배한 것은 불교였어요. 지배 계층이 살던 도성 유적에서 절터가 발견되는 것으로 보아 지배층을 중심으로 불교가 유행했음을 알 수 있지요. 발해의 불교는 고구려에서 계승된 것으로, 발해의 수도인 상경의 절터에서 많이 발견된 전불, 동경 부근에서 출토된 이불병좌상과 같은 불교 유물을 통해 확인할 수 있어요.

발해는 고구려 문화의 기반 위에 당 문화를 받아들였어.

그렇게 해서 독자적인 문화를 이룩할 수 있었지.

발해, 일본 대학 유물, 높이 73.3센티미터, 용산 권솔미술관 소장

글씨 있는 불비상
아미타불을 중심으로 가르침을 듣는 승려와 보살이 새겨져 있어요. 위에는 용으로 보이는 동물 두 마리가, 아래에는 글씨와 인왕상이 각각 새겨져 있지요. 834년 발해 허왕부의 관리였던 조문휴의 어머니가 모든 불제자들을 위해 만들었다는 내용이 새겨져 있어요.

삼국의 건국 신화

고구려·백제·신라와 같은 고대 국가들은 저마다의 특별한 건국 신화를 가지고 있어요. 각 나라의 건국 신화를 읽고, 그 나리의 사상과 사람들의 모습을 같이 알아보아요.

고구려 주몽 신화

주몽은 활 쏘는 솜씨가 뛰어났어요.

하느님의 아들이자 해의 신인 해모수가 강의 신인 하백의 딸 유화와 사랑에 빠졌어요. 그러나 해모수는 유화를 버리고 하늘로 돌아가 버렸고, 유화는 강가에서 계속 해모수를 기다렸어요. 그러던 어느 날, 부여의 금와왕이 유화를 발견했어요. 금와왕은 유화를 불쌍히 여겨 궁으로 데려왔지요. 그런데 얼마 지나지 않아 햇빛이 유화의 배를 비추자 유화가 아기를 가졌고 곧 알을 낳았답니다. 그것을 나쁜 징조라 여긴 금와왕은 그 알을 깨뜨리려고 했지만 그때마다 동물들의 보호로 알은 무사했어요. 다시 유화의 품으로 돌아온 알에서 아기가 태어났는데 매우 영특했어요. 아이는 일곱 살 때부터 활과 화살을 만들어 쏘았는데 언제나 백발백중이었어요. 그래서 아이의 이름을 활을 잘 쏘는 사람이라는 뜻의 '주몽' 이라 지었지요.

그런데 그의 재능을 시기한 금와왕의 아들들이 주몽을 해치려 하자 주몽은 부여에서 탈출하여 졸본이라는 땅으로 갔어요. 주몽은 그곳에서 나라를 세우고 나라 이름을 '고구려' 라 지었답니다.

백제의 온조 신화

고구려를 세운 주몽은 결혼을 해 비류와 온조라는 두 아들을 낳았어요. 그런데 주몽에게는 이미 부여에 살던 시절에 얻은 부인과 아들 유리가 있었지요. 어느 날, 유리는 주몽

이 남겨 놓은 부러진 칼의 반쪽을 들고 주몽을
찾아갔어요. 자신이 남긴 증표임을 확인한 주몽
은 유리를 고구려의 태자로 삼았어요. 그러자 왕
위를 물려받을 수 없게 된 비류와 온조는 자신들
을 따르는 무리와 함께 고구려를 떠나 남쪽으로
내려갔어요. 온조는 한강 근처에 도읍을 정하고
위례성이라 했고, 비류는 서쪽 바닷가의 미추홀
을 도읍으로 정했지요. 그런데 미추홀은 습하고 물
이 짜 사람들이 살기에 좋지 못한 곳이어서 비류는 병

난 이곳을 떠나 새로운 나라를 세울 거야.

온조

증표를 확인한 주몽은 유리를 고구려의 태자로 삼았고, 온조와 비류는 고구려를 떠났어요.

을 얻게 되었어요. 결국 비류가 세상을 떠나자 비류를 따르던 신하와 백성들은 모두 위
례성으로 몰려갔고, 온조는 나라의 세력이 커지자 이름을 백제라고 지었답니다.

신라 박혁거세 신화

신라가 국가의 모습을 갖추기 전에 그 지역은 여섯 마을로 이루어져 있었어요. 여섯
마을 중 하나인 양산촌에 나정이라는 우물이 있었는데, 어느 날 그 옆에 말이 한 마리
나타났어요. 촌장들이 다가가자 말은 하늘로 올라가 버렸고, 그 자리에
큰 알이 놓여 있었지요. 놀랍게도 알을 깨고 나온 것은 사내아이였어요.
아이의 몸에서는 빛이 났고, 해와 달도 밝게 빛났지요. 그래서 사람들은
세상을 밝게 다스린다는 의미로 아이의 이
름을 '혁거세'라 지었어요. 또 알이 표
주박같이 생겼다 하여 성을 '박'이라
고 했지요. 아이의 출생을 신비롭게 여
긴 사람들은 아이가 자라자 왕으로 받
들었어요. 왕이 된 박혁거세는 서라벌이
라는 나라를 세웠는데, 이 나라가 바로 신라
랍니다.

박혁거세는 알에서 태어났다고 해요.

선사·고대관을 나서면서

국립중앙박물관 선사·고대관을 둘러보니 어떤가요? 재미있다고 생각한 친구들도 있는 반면, 지루하거나 이해하기 조금 힘들고 어려웠다고 생각한 친구들도 있을 거예요. 새로운 것들을 많이 알게 된 친구도 있는가 하면, 알고 있던 내용을 다시 정리한 친구도 있겠지요?

각 실별로 기억에 남는 유물의 특징을 떠올려 적으면서 내가 어떤 것을 알고 관심을 가지게 되었는지 돌아보면 나중에 선사·고대관을 방문할 다른 친구들에게도 각

이제껏 만났던 유물들을 하나씩 되짚어 보자.

유물들에 대해 자신 있게 이야기해 줄 수 있을 거예요.

또한 먼 미래의 선사·고대관에 내가 지금 사용하고 있는 물건 중에서 어떤 것이 전시될지 상상해 보는 것도 선사·고대관 여행을 돌아보는 재미있는 방법이 되겠지요?

선사·고대관의 유물들이 보여 주는 옛날의 사회와 문화에 대해 느낀 점을 기억해 두세요. 앞으로 우리가 만날 새로운 사회와 문화를 이해하는 데 커다란 힘이 될 거예요.

나는 선사 · 고대관 박사!

국립중앙박물관 선사 · 고대관을 통해 옛날의 사회와 문화의 모습을 잘 살펴보았나요?
선사 · 고대관 체험은 우리나라 역사의 시작과 발전을 이해하는 데 큰 힘이 될 거예요.
그럼, 선사 · 고대관에 관련된 문제를 풀어 보면서 다시 한 번 되짚어 볼까요?

1 내 이름은 무엇일까요?

다음은 선사 시대에 사용하던 도구들이에요. 각각의 설명을 읽고, 보기에서 도구의 이름을 골라 써 보세요.

( )

옷을 만들기 위해 실을 뽑는 데 사용한 도구예요.

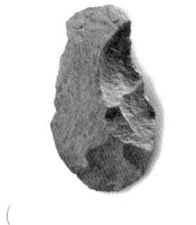

( )

큰 동물을 잡거나 땅을 파는 데 사용한 도구예요.

( )

제사를 지낼 때 사용한 의식용 도구예요.

( )

열매의 껍질을 벗기거나 가는 데 사용한 도구예요.

| 보기 | 갈돌과 갈판 | 가지 방울 | 주먹 도끼 | 가락바퀴 |

2 도전! 골든벨 O, X 퀴즈

다음은 부여 · 삼한 시대에 대한 설명이에요. ○ 또는 X로 답하세요.

(1) 부여 · 삼한실에서는 새나 오리를 형상화한 토기들을 볼 수 있어요. ( )

(2) 호랑이 모양 허리띠 고리는 일본과의 교류를 보여 주어요. ( )

(3) 삼한 사람들은 금과 은을 가장 귀하게 여겼어요. ( )

(4) 청동 세발솥은 중국에서 중요한 의식에 쓰던 그릇이에요. ( )

(5) 부여 · 삼한 시대에 철기가 처음으로 우리나라에 들어왔어요. ( )

(6) 철제 농기구가 보급되면서 계급에 따른 빈부의 격차가 심해졌어요. ( )

③ 알맞게 선을 이어 보세요.

다음 유물들은 선사·고대관에 전시되어 있는 것들이에요. 유물이 있는 전시실과 유물의 사진, 유물의 이름을 알맞게 선으로 이어 보세요.

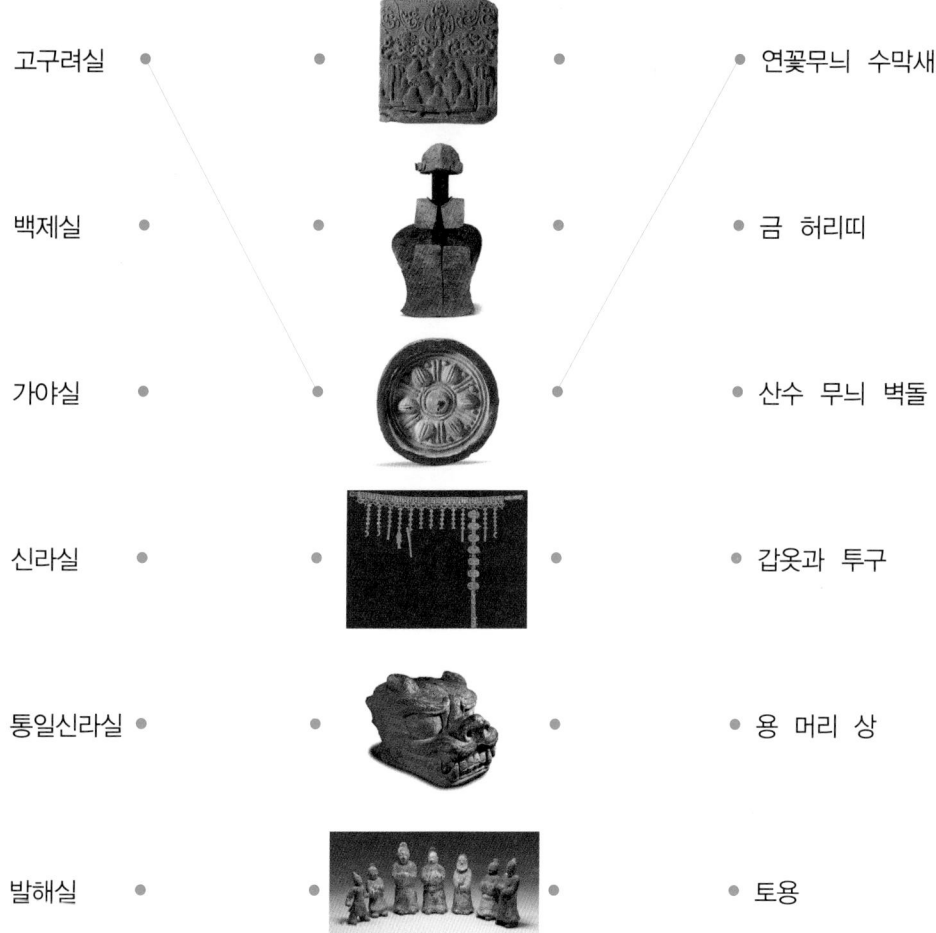

고구려실 •   •   •   • 연꽃무늬 수막새

백제실 •   •   •   • 금 허리띠

가야실 •   •   •   • 산수 무늬 벽돌

신라실 •   •   •   • 갑옷과 투구

통일신라실 •   •   •   • 용 머리 상

발해실 •   •   •   • 토용

④ 선사·고대관에 대해 이야기해 보세요.

구석기실부터 발해실에 이르기까지 10개의 전시실을 둘러보니 어떤가요? 가장 인상적인 전시실과 유물은 무엇인가요? 또 그 이유는 무엇인가요? 자유롭게 자신의 느낌을 써 보세요.

_____

_____

☞ 정답은 56쪽에

유물 카드 만들기

지금까지 선사 · 고대관을 다 둘러보았어요. 많은 유물을 구경했지요?
그런데 유물을 한 번 보았다고 해서 그것에 대해 다 알게 되는 것은 아니에요.
체험학습을 마친 뒤 유물들을 되짚어 보는 것이 중요하지요.
이때 유물을 그림으로 그리거나 특징을 글로 소개하면 유물에 대해 더 정확하게
이해할 수 있어요. 그럼, 직접 유물 카드를 만들면서 어렵게만 느껴지는
우리 역사에 한 걸음 더 다가가 보아요.

카드를 만들기
전에 가장 기억에
남는 유물이 무엇인지
먼저 생각해 봐.

이렇게 만들어요

아래의 준비물과 순서를 참고해 유물 카드를 만들어 보아요.
자, 시작해 볼까요?

준비물 색지, 흰 종이, 색연필, 사인펜, 가위, 풀 등

1. 색지를 위와 같이 접은 뒤 위쪽은 문어 다리처럼 가위로 잘라요.

2. 위와 같이 가위로 자른 부분을 접어 놓아요.

3. 흰 종이 4장을 크기에 맞게 자른 뒤 앞에서 만든 색지에 넣어요.

4. 흰 종이에는 색연필과 사인펜을 사용해 선사 · 고대관에서 가장 인상 깊게 본 유물을 그리고, 이름을 써요.

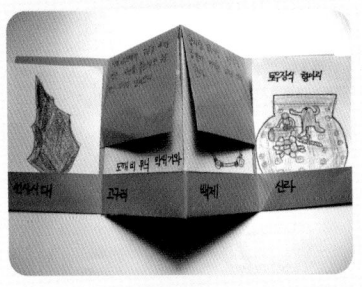

5. 가위로 자른 문어 다리 같은 부분에는 유물에 대한 설명을 자세히 써요.

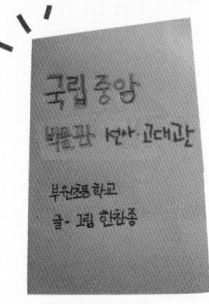

6. 앞표지에는 유물 카드의 제목과 학교, 자기 이름 등을 적어 보아요.

54

이렇게 만들었어요

유물 카드를 만들다 보면 역사와 좀 더 친해질 수 있을 거야.

난 카드를 펼치지 않고도 유물의 이름을 한눈에 확인할 수 있게 만들었어.

부원초등학교 한찬종, 한예림 어린이가 직접 만들었어요.

유물 카드를 만드는 방법이 한 가지만 있는 것은 아니에요.
아래 방법처럼 만들 수도 있지요.
여러분이 가진 좋은 생각을 더해 만들면 더 멋진 유물 카드가 완성될 거예요.

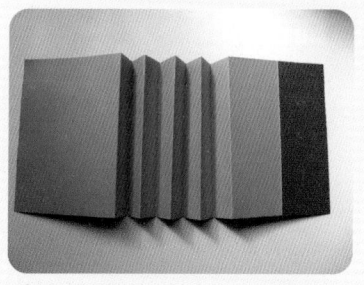

1. 두 장의 색지를 길게 이어 하나의 책으로 만들어요. 가운데 부분은 아코디언처럼 여러 번 접어요.

2. 흰 종이를 크기에 맞게 자른 뒤 앞서 만든 책 속에 붙여요.

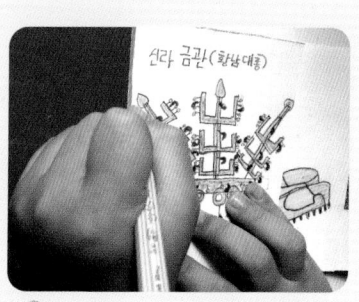

3. 흰 종이에는 색연필과 사인펜을 사용해 선사·고대관에서 가장 인상 깊게 본 유물을 그리고, 그 유물의 이름을 써요.

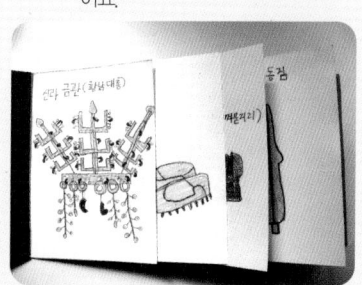

4. 흰 종이에 내용을 다 담으면 이렇게 한 권의 책이 되어요.

5. 앞표지에는 유물 카드의 제목과 학교, 자기 이름 등을 적어 보아요.

정답

여기서 잠깐!

15쪽 1. 사람들이 한곳에 모여 정착하여 살기 시작했어요.
2. 농사를 짓기 시작했어요.

19쪽 신분의 차이와 강력한 지배자가 있었음을 알 수 있어요.

31쪽 고구려인도 오늘날 우리와 마찬가지로 술, 고기, 쌀, 된 장을 먹고, 국자를 사용해 국물을 떠요. 또 여자들은 머리띠로 머리를 고정했어요.

33쪽 벽돌

36쪽 1. 풍부한 철 생산
2. 활발한 대외 교역 활동

42쪽 위 토기의 사람은 장식을 한 모자와 갑옷을 입고 허리 에 칼을 차고 있어요. 말에는 화려한 말갖춤 장식이 되 어 있고, 말 이마에 뿔이 붙어 있어요. 아래 토기의 사 람은 상투를 틀어 올리고 윗옷을 입지 않았어요. 또 등 에 짐을 지고 있고 말갖춤 장식이 간소해요.

유물 퀴즈

11쪽 뗀석기

13쪽
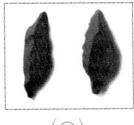
(○)

17쪽 빗살무늬

31쪽 기와

35쪽 관 꾸미개

36쪽 ❶ 불교 사상, ❷ 도교 사상

45쪽

(○)

46쪽 짐승 얼굴 무늬 기와

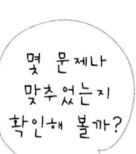

몇 문제나 맞추었는지 확인해 볼까?

나는 선사·고대관 박사!

❶ 내 이름은 무엇일까요?

다음은 선사 시대에 사용하던 도구들이에요. 각각에 대한 설명을 읽고, 보기에서 도구의 이 름을 골라 써 보세요.

(가락바퀴)
옷을 만들기 위해 실을 뽑는 데 사용한 도구예요.

(주먹 도끼)
큰 동물을 잡거나 땅을 파는 데 사용한 도구예요.

(가지 방울)
제사를 지낼 때 사용한 의식용 도구예요.

(갈돌과 갈판)
열매의 껍질을 벗기거나 가는 데 사용한 도구예요.

| 보기 | 갈돌과 갈판 | 가지 방울 | 주먹 도끼 | 가락바퀴 |

❷ 도전! 골든벨 O, X 퀴즈

다음은 부여·삼한 시대에 대한 설명이에요. ○ 또는 ✕로 답하세요.

(1) 부여·삼한실에서는 새나 오리를 형상화한 토기들을 볼 수 있어요. (○)

(2) 호랑이 모양 허리띠 고리는 일본과의 교류를 보여 주어요. (✕)

(3) 삼한 사람들은 금과 은을 가장 귀하게 여겼어요. (✕)

(4) 청동 세발솥은 중국에서 중요한 의식에 쓰던 그릇이에요. (○)

(5) 부여·삼한 시대에 철기가 처음으로 우리나라에 들어왔어요. (✕)

(6) 철제 농기구가 보급되면서 계급에 따른 빈부의 격차가 심해졌어요. (○)

❸ 알맞게 선을 이어 보세요.

다음 유물들은 선사·고대관에 전시되어 있는 것들이에요. 유물이 있는 전시실과 유물의 사진, 유물의 이름을 알맞게 선으로 이어 보세요.

고구려실 — 산수 무늬 벽돌
백제실 — 연꽃무늬 수막새
가야실 — 갑옷과 투구
신라실 — 금 허리띠
통일신라실 — 용 머리 상
발해실 — 토용

❹ 선사·고대관에 대해 이야기해 보세요.

구석기실부터 발해실에 이르기까지 10개의 전시실을 둘러보니 어떤가요? 가장 인상적인 전시실과 유물은 무엇인가요? 또 그 이유는 무엇인가요? 자유롭게 자신의 느낌을 써 보세요.

예) 가장 인상 깊었던 전시실은 신라실이었다. 지금 봐도 광장히 아름다운 장신구들이 많이 있었기 때문이다. 특히 금으로 만든 관이나 허리띠는 신라 사람들이 얼마나 섬세하게 공예 를 했는지를 볼 수 있어서 좋았다.

사진 출처

국립중앙박물관
(중박200810–398)

9p(뗀석기), 10p(주먹 도끼), 11p(슴베찌르개), 13p(서울 암사동 움집터, 갈돌과 갈판), 14p(덧무늬 토기, 빗살무늬 토기), 15p(꾸미개, 조개 가면, 가락바퀴), 16p(농경문 청동기), 17p(요령식 동검), 18p(가지 방울, 청동 거울), 19p(평안북도 위원군 용연동 출토 유물), 27p(오리 모양 토기, 청동 세발솥, 호랑이 모양 허리띠 고리), 28p(귀고리, 금동 관 꾸미개), 29p(짐승 얼굴 무늬 수막새, 연꽃무늬 수막새, 벽화 모사도 '주작'), 30p(말 탄 사람이 그려진 벽화 조각), 31p(글자가 새겨진 청동 그릇, 강서대묘의 널방 서벽에 있는 백호), 33p(무령왕릉의 무덤방, 관 꾸미개), 34p(산수 무늬 벽돌), 35p(백제금동대향로), 37p(갑옷과 투구), 40p(금관, 금 허리띠), 41p(봉수형 유리병, 금귀고리, 팔찌), 42p(신라의 토기들, 말 탄 사람 토기), 43p(토우 붙은 항아리, 토우들), 44p(토용), 45p(돌함과 뼈 단지, 짐승 얼굴 무늬 기와, 이지상), 46p(발해의 연꽃무늬 기와)

연합포토   30p('고구려 안악 3호분' 고분 벽화)

주니어김영사   3p(국립중앙박물관 전경, 선사·고고관 입구), 50p(국립중앙박물관 입구), 54~55p(체험학습 사진)

※ 이 책의 사진은 해당 사진을 소장하고 있는 곳과 저작권자의 허락을 받아 실었습니다. 저작권자를 찾지 못하여 게재 허락을 받지 못한 사진은 저작권자를 확인하는 대로 다음 쇄를 찍을 때 반영하겠습니다.

초등학교 교과서와 관련된 학년별 현장 체험학습 추천 장소

1학년 1학기 (21곳)	1학년 2학기 (18곳)	2학년 1학기 (21곳)	2학년 2학기 (25곳)	3학년 1학기 (31곳)	3학년 2학기 (37곳)
철도박물관	농촌 체험	소방서와 경찰서	소방서와 경찰서	경희대자연사박물관	IT월드(과천정보나라)
소방서와 경찰서	광릉	서울대공원 동물원	서울대공원 동물원	광릉수목원	강원도
시민안전체험관	홍릉 산림과학관	농촌 체험	강릉단오제	국립민속박물관	경희대자연사박물관
천마산	소방서와 경찰서	천마산	천마산	국립서울과학관	광릉수목원
서울대공원 동물원	월드컵공원	남산골 한옥마을	월드컵공원	국립중앙박물관	국립경주박물관
농촌 체험	시민안전체험관	한국민속촌	남산골 한옥마을	기상청	국립고궁박물관
코엑스 아쿠아리움	서울대공원 동물원	국립서울과학관	한국민속촌	서대문자연사박물관	국립국악박물관
선유도공원	우포늪	서울숲	농촌 체험	선유도공원	국립부여박물관
양재천	철새	갯벌	서울숲	시장 체험	국립서울과학관
한강	코엑스 아쿠아리움	양재천	양재천	신문박물관	남산
에버랜드	짚풀생활사박물관	동굴	선유도공원	경상북도	남산골 한옥마을
서울숲	국악박물관	고성 공룡박물관	불국사와 석굴암	양재천	롯데월드 민속박물관
갯벌	천문대	코엑스 아쿠아리움	국립중앙박물관	경기도	국립민속박물관
고성 공룡박물관	자연생태박물관	옹기민속박물관	국립민속박물관	이화여대자연사박물관	삼성어린이박물관
서대문자연사박물관	세종문화회관	기상청	전쟁기념관	전쟁기념관	서대문자연사박물관
옹기민속박물관	예술의 전당	시장 체험	판소리	천마산	선유도공원
어린이 교통공원	어린이대공원	에버랜드	DMZ	한강	소방서와 경찰서
어린이 도서관	서울놀이마당	경복궁	시장 체험	화폐금융박물관	시민안전체험관
서울대공원		강릉단오제	광릉	호림박물관	경상북도
남산자연공원		몽촌역사관	홍릉 산림과학관	홍릉 산림과학관	월드컵공원
삼성어린이박물관		국립현대미술관	국립현충원	우포늪	육군사관학교
			국립4·19묘지	소나무 극장	해군사관학교
			지구촌민속박물관	예지원	공군사관학교
			우정박물관	자운서원	철도박물관
			한국통신박물관	서울타워	이화여대자연사박물관
				국립중앙과학관	제주도
				엑스포과학공원	천마산
				올림픽공원	천문대
				전라남도	태백석탄박물관
				경상남도	판소리박물관
				허준박물관	한국민속촌
					임진각
					오두산 통일전망대
					한국천문연구원
					종이미술박물관
					짚풀생활사박물관
					토탈야외미술관

4학년 1학기 (34곳)	4학년 2학기 (56곳)	5학년 1학기 (35곳)	5학년 2학기 (51곳)	6학년 1학기 (36곳)	6학년 2학기 (39곳)
강화도	IT월드(과천정보나라)	갯벌	IT월드(과천정보나라)	경기도박물관	IT월드(과천정보나라)
갯벌	강화도	광릉수목원	강원도	경복궁	KBS 방송국
경희대자연사박물관	경기도박물관	국립민속박물관	경기도박물관	덕수궁과 정동	경기도박물관
광릉수목원	경복궁 / 경상북도	국립중앙박물관	경복궁	경상북도	경복궁
국립서울과학관	경주역사유적지구	기상청	덕수궁과 정동	고성 공룡박물관	경희대자연사박물관
기상청	경희대자연사박물관	남산골 한옥마을	경상북도	국립민속박물관	광릉수목원
농촌 체험	고창, 화순, 강화 고인돌유적	농업박물관	경희대자연사박물관	국립서울과학관	국립민속박물관
서대문자연사박물관	전라북도	농촌 체험	고인쇄박물관	국립중앙박물관	국립중앙박물관
서대문형무소역사관	고성공룡박물관	서울국립과학관	충청도	농업박물관	국회의사당
서울역사박물관	충청도	서울대공원 동물원	광릉수목원	롯데월드 민속박물관	기상청
소방서와 경찰서	국립경주박물관	서울숲	국립공주박물관	몽촌토성과 풍납토성	남산
수원화성	국립민속박물관	서울시청	국립경주박물관	민주화현장	남산골 한옥마을
시장 체험	국립부여박물관	서울역사박물관	국립고궁박물관	백범기념관	대법원
경상북도	국립서울과학관	시민안전체험관	국립민속박물관	서대문자연사박물관	대학로
양재천	국립중앙박물관	경상북도	국립서울과학관	서대문형무소 역사관	민주화현장
옹기민속박물관	국립국악박물관 / 남산	양재천	국립중앙박물관	서울역사박물관	백범기념관
월드컵공원	남산골 한옥마을	강원도	남산골 한옥마을	조선의 왕릉	아인스월드
철도박물관	농업박물관 / 대법원	월드컵공원	농업박물관	성균관	서대문자연사박물관
이화여대자연사박물관	대학로	유명산	롯데월드 민속박물관	시민안전체험관	국립서울과학관
천마산	롯데월드 민속박물관	제주도	충청도	경상북도	서울숲
천문대	몽촌토성과 풍납토성	짚풀생활사박물관	서대문자연사박물관	암사동 선사주거지	신문박물관
철새	불국사와 석굴암	천마산	성균관	운현궁과 인사동	양재천
홍릉 산림과학관	서대문자연사박물관	한강	세종대왕기념관	전쟁기념관	월드컵공원
화폐금융박물관	서울대공원 동물원	한국민속촌	수원화성	천문대	육군사관학교
선유도공원	서울숲	호림박물관	시민안전체험관	철새	이화여대자연사박물관
독립공원	서울역사박물관	홍릉 산림과학관	시장 체험 / 신문박물관	청계천	중남미박물관
탑골공원	조선의 왕릉	하회마을	경기도	짚풀생활사박물관	짚풀생활사박물관
신문박물관	세종대왕기념관	대법원	강원도	태백석탄박물관	창덕궁
서울시의회	수원화성	김치박물관	경상북도	해인사 고려대장경과 장경판전	천문대
선거관리위원회	승정원 일기 / 양재천	난지하수처리사업소	옹기민속박물관	호림박물관	우포늪
소양댐	옹기민속박물관	농촌, 어촌, 산촌 마을	운현궁과 인사동	유니세프 한국위원회	판소리박물관
서남하수처리사업소	월드컵공원	들꽃수목원	육군사관학교	무령왕릉	한강
중랑구재활용센터	육군사관학교	정보나라	이화여대자연사박물관	현충사	홍릉 산림과학관
중랑하수처리사업소	철도박물관	드림랜드	전라북도	덕포진교육박물관	화폐금융박물관
	이화여대자연사박물관	국립극장	전쟁박물관	서울대학교 의학박물관	훈민정음
	조선왕조실록 / 종묘		창경궁 / 천마산	상수허브랜드	상수도연구소
	종묘제례		천문대		한국자원공사
	창경궁 / 창덕궁		태백석탄박물관		동대문소방서
	천문대 / 청계천		한강		중앙119구조대
	태백석탄박물관		한국민속촌		
	판소리 / 한강		해인사 고려대장경과 장경판전		
	한국민속촌		화폐금융박물관		
	해인사 고려대장경과 장경판전		중남미문화원		
	호림박물관		첨성대		
	화폐금융박물관		절두산순교성지		
	훈민정음		천도교 중앙대교당		
	온양민속박물관		한국에너지기술연구원		
	아인스월드		한국자수박물관		
			초전섬유퀼트박물관		